Josef Guggenmos

Ein Elefant marschiert durchs Land

Josef Guggenmos

Ein Elefant marschiert durchs Land

Geschichten und Gedichte für Kinder

Mit vielen Bildern von Eva Johanna Rubin

Georg Bitter Verlag Recklinghausen

Einmalige Sonderausgabe 1972
© 1968 Georg Bitter Verlag KG, Recklinghausen. Alle Rechte vorbehalten.

Alle Texte wurden nach dem Originalmanuskript veröffentlicht. Folgende Ausnahmen sind zu nennen: Das Titelgedicht ›Ein Elefant marschiert durchs Land‹ wurde ausgeliehen aus »Was denkt die Maus am Donnerstag?, 123 Gedichte für Kinder«. Die Erzählungen ›Elsibeth‹, ›Warum die Biene hinten spitzig ist‹ und ›Warum die Schildkröte gepanzert geht‹ sind zuerst in der von Hans-Joachim Gelberg herausgegebenen Anthologie »Kinderland Zauberland« veröffentlicht worden. ›Die Nacht in Kapstadt‹, ›Ich schaue den Vöglein ins Nest hinein‹ und ›Das Haus der Tiere‹ erschienen zuerst im »Immerwährenden Kinderkalender«.

Herstellung: E. Gundlach KG, Bielefeld. Gesetzt aus der Times-Antiqua. ISBN 3 7903 0094 2

Ein Elefant marschiert durchs Land

Ein Elefant marschiert durchs Land
und trampelt durch die Saaten.
Er ist von Laub und Wiesenheu
so groß und kühn geraten.

Es brechen Baum und Gartenzaun
vor seinem festen Tritte.
Heut kam er durch das Tulpenfeld
zu mir mit einer Bitte.

Er trug ein weißes Kreidestück
in seinem langen Rüssel
und schrieb damit ans Scheunentor:
»Sie, geht es hier nach Brüssel?«

Ich gab ihm einen Apfel
und zeigte ihm die Autobahn.
Da kann er sich nicht irren
und richtet wenig an.

Als
die Donau
uns
über die Zehen
floß

Als die Donau uns über die Zehen floß

Auf einer krummen Weide
saßen wir alle beide.
Das war,
als das Hochwasser uns umschloß,
als die Donau uns über die Zehen floß,
da stiegen wir auf die Weide,
wir alle beide,
ich und der Hase.
Der wackelte mit der Nase.
Ich fiel vor Lachen vom Ast,
nicht ganz, aber fast.
Dann erzählte das Hasentier
Geschichten mir.
Geschichten, Geschichten:
Ich sage dir,
so grauslig schöne,
so gruslig tolle,
so wundervolle
hast du dein Lebtag nicht gehört!
Nach drei Stunden
hat man uns gefunden.
Da kamen sie an
in einem Kahn
und sagten: »Dort oben sitzen sie, schau!
Da sitzen sie alle beide
und plaudern auf der Weide!«

Ich läute den Frühling ein

Meine Bienen kamen mit goldenen Höschen nach Hause. Sie stürzten förmlich aus der Luft. Sie purzelten fast ins Flugloch, so eilig hatten sie es. Und goldene Höschen trugen sie, eine um die andere.
Es war früh im Jahr.
Was mag jetzt schon blühen? dachte ich mir. Ich habe noch nichts entdeckt. Und doch, etwas blüht, irgendwo zwischen dem herumliegenden Schnee! Meine Bienen haben es gefunden.
In den Gärten leuchtete noch kein Krokus und keine Tulpe. Nur die Schneeglöckchen spitzten da und dort aus der Erde.
Kein Huflattich blühte am Wegrand, keine Dotterblume am Bach, keine Schlüsselblume auf der Wiese.
Aber als ich an den Waldrand kam, vernahm ich ein fröhliches Summen und Surren. Eine Hasel war über und über mit langen Kätzchen behängt. Bienen und Hummeln krochen darauf und wühlten im Blütenstaub.
Ich läute den Frühling ein, dachte ich und zog an einem Haselzweig.
Eine goldene Wolke flog in die Welt.

Willst du die Hasel blühen sehn,
mußt du früh aufstehn,
früh im Jahr,
vielleicht sogar
schon im Februar.

Meine Seifenblase, flieg!

Als ich Seifenblasen blies,
ist es mir gelungen:
Eine, die ich fliegen ließ,
ist mir nicht zersprungen.

Übers Hausdach hat sie sich
vogelleicht geschwungen,
höher als die Amsel noch,
die darauf gesungen.

Über viele Gärten ist
sie dahingeflogen,
blank und zart und wunderschön
wie der Regenbogen.

Hinter Büschen standen zwei,
wollten sich verhauen.
Sie vergaßen Zank und Streit,
mußten stehn und schauen.

Über grünes Wiesenland
flog die Seifenblase.
Has und Reh am Waldesrand
hoben ihre Nase.

Meine Seifenblase, flieg
fröhlich in die Weite!
Flieg zu einer andern Stadt,
grüße mir die Leute!

Anne mit der Kanne

Die Anne ging mit ihrer Kanne zum Wasserhahn. Und dann ging Anne mit der Kanne auf die Wiese. War das eine Freude, eine große!
»Zu mir!« rief die Skabiose.
»Erst zu mir! Ich verwelke!« rief die Lichtnelke.
Drei Wochen war kein Tropfen mehr gefallen. Der Löwenzahn

konnte nur noch lallen: »Gleich fall' ich um!« Und der Hahnenfuß daneben wankte stumm.
Sie brauchten alle nicht umzusinken. Anne gab ihnen zu trinken. Was aber sprach der Hahnenfuß: »Tausend Dank, und einen schönen Gruß!«
»Einen schönen Gruß?«
»Von dem Regenwurm bei meinen Wurzeln in der Erde. Der dachte schon, er sterbe. Du glaubst nicht, wie ihn das Wasser freut. Er sagt, das ist wie Geburtstag heut!«
»Sag dem Regenwurm zu deinen Füßen, ich lasse ihn vielmals wiedergrüßen!« sagte die Anne und ging weiter mit ihrer Kanne.
Sie begoß die Glockenblume, die matte. Als diese getrunken hatte, rief sie beglückt: »Das gibt Kraft! Ich hab's geschafft!«
Horch, was da klang! Eine feine Stimme, die sang so bang, daß es ins innerste Herz hinein drang: »Heute schneeweiß-rosenrot, morgen leider mausetot!« Da lief Anne mit ihrer Kanne eilig hinzu und rief: »Prinzessin Tausendschön, gleich wird es dir bedeutend besser gehn!« Und ließ auf das Maßliebchen hundert helle Tropfen rieseln.
Drüben am Wiesenbach stand die Bachnelkenwurz und sagte nur noch: »Ach!« Denn der Graben war leer, seit Wochen floß kein Wässerlein mehr.
Das himmelblaue Vergißmeinnicht war vor Durst ganz blaß. Auch dieses bekam von dem süßen Naß. Wie sprach das Vergißmeinnicht? »Anne, das vergeß' ich dir mein Lebtag nicht!«
Und die Dotterblume, die dottergelbe, sprach fast dasselbe: »Das gibt Farbe und Seidenschimmer! Anne, wir sind Freunde für immer!«

Wer hatte noch nichts? Die Margerite. Sie senkte müde die große, schöne Blüte. Auf der goldenen Blütenmitte saßen zwei: eine Hummit zufriedenem Gebrummel, und ein Tagpfauenauge labte sich auf leise Weise.
Anne goß aus ihrer Kanne den Rest. Für die Margerite war's ein Fest. Doch die Hummel schüttelte die Nässe aus ihrem Pelz und brummte dazu: »Es regnet, puh!«
Und das Tagpfauenauge rief: »Wie, was, Regen? Ich bin dagegen!«
Aber da hob Anne ihren Zeigefinger: »Was seid ihr für Dinger! Der Regen bin ich, die Anne! Ich gieße die Blumen mit meiner Kanne. Täte ich's nicht, was würde geschehen? Die Blumen würden vor Durst vergehen. Doch sind sie verdorrt, dann ist's aus und vorbei mit allen Honigsaft für euch zwei!«
Da rief die Hummel geschwind: »Anne, du bist ein kluges Kind!«
Und das Tagpfauenauge sprach sogar: »Liebe Anne, komm morgen wieder mit deiner Kanne!«

Der Kürbis und der Apfelkern

Ein Kürbis und ein Apfelkern gingen zusammen auf die Reise. Sie waren noch nicht ganz aus dem Dorf, da saßen auf einem Baum zwei Elstern.
Die eine Elster sagte zur andern: »Siehst du sie wandern? Sprich, wie findest du dieses Paar?«
Drauf sagte die andere: »Sonderbar.«
Da stieß der Apfelkern den Kürbis an: »Hörst du sie reden?«
Doch der Kürbis entgegnete: »Laß sie reden, die beeden! Wenn wir auf alle Leute hören wollten, kämen wir nie ans Ziel!«
Und sie wanderten fröhlich weiter in die Welt.
Der Kürbis und der Apfelkern, sie hatten einander von Herzen gern. Und das war die Hauptsache. Oder?

 *Guten Morgen, du Siebenschläfer!*

Was regt sich da im Buchenlaub?
Nein, ich täusche mich nicht:
Es krabbelt mit noch steifen Beinen
ans Licht ein bunter Wicht.

Das ist ein Siebenpunkt-Käfer.
Guten Morgen, du Siebenschläfer!

Wo bist du gewesen, du,
in diesen zwanzig Wochen,
als es Winter war, hu?
Da hattest du dich verkrochen.

Aber jetzt im Frühling, hei,
bist du wieder dabei!

*Warum die Hühner immer so schief gucken,
wenn man mit ihnen spricht*

Hühner trippelten im Garten.
Wie sie so im Garten scharrten
(denn was sollten sie sonst tun?),
guckt verdutzt ein braves Huhn.
»Gick, gick, gack! Hier glitzert was,
klein und fein und wie aus Glas.
Soll das was zu fressen sein?«
Kommt der Hahn. Der Hahn spricht: »Nein,
als ein Korn kommt mir's nicht vor!«
Doch er kratzt sich hinterm Ohr:
»Aber freilich andrerseits
hat Probieren seinen Reiz!«
Happ, er schnappt und hebt den Schnabel,
und schon ist das Ding hinabel.

Das kleine, glitzernde Ding war fort und verschwunden. Wo es hinkam, wir wissen es. Aber die Bäuerin, die aufgeregt aus dem Haus stürzte, wußte es nicht. Hinter der Bäuerin eilten der Bauer, der Knecht, die Magd und die fünf Kinder aus dem Haus, und alle fingen an, eifrig nach dem Diamanten zu suchen. Irgendwo zwischen dem Haus und dem eingezäunten Gemüsegärtchen mußte er liegen. Es war Sonntagmittag. Die Bäuerin war in das Gemüsegärtchen gegangen, um Petersilie für die Sonntagssuppe zu holen. Dabei hatte sie den Diamantring, den sie für den Kirchgang angesteckt hatte, noch am Finger.

Beim Abschneiden der Petersilie hatte sie den Edelstein noch am Ring gesehen, doch als sie dann die Petersilie in der Küche auf den Tisch legte, war die Fassung, in die der Stein gehörte, leer.

Verzweifelt suchte die Bäuerin, von den acht andern unterstützt, nach dem Diamanten. Zusammen hatten sie achtzehn Augen. Da hätte man den Edelstein doch finden müssen! Aber nein.

Hin und wieder warf die Bäuerin den Hühnern einen argwöhnischen Blick zu. Und zuletzt stellte sie sich zornig vor ihr Hühnervolk und rief: »Hat eine von euch meinen Diamanten aufgepickt? Ich drehe euch allen die Hälse um, bis ich die gefunden habe, die ihn im Magen hat!«

Ja, da guckt man freilich schief, wenn man so etwas gesagt bekommt!

Die Bäuerin machte ihre Drohung dann doch nicht wahr. Sie war sich ihrer Sache nicht so ganz sicher und wollte zu ihrem Edelstein nicht auch noch ihre fleißigen Hühner einbüßen.

Den Hühnern aber ist das schiefe Gucken geblieben. Der Schrecken muß ihnen damals ganz ordentlich in die Knochen gefahren sein. Denn wenn man mit ihnen spricht, gucken sie immer noch schief, weil sie denken, es geht wieder los mit der alten Geschichte.

Die Kastanie

So rund in der Hand, so seidigfein! Nichts in der Welt kann schöner sein als eine Kastanie, frisch aus dem Stachelmantel gezogen.
Die Kinder spielten hinter dem Haus mit den Kastanien, die sie gesammelt hatten. Und als es zu regnen begann, gingen sie hinein, um aus ihren Kastanien einen Zoo zu basteln.
Aber wie das so geht, eine Kastanie hatte sich verloren. Sie war in ein Mauseloch gefallen. Da lag sie und da blieb sie.
Doch im anderen Jahr stand was hinterm Haus im Gras: ein kleines Gewächs mit breiten, gefingerten Blättern.
Das Haus schaute auf die kleine Pflanze herab und fragte von oben: »Wer bist denn du? Du bist kein Gras, du bist kein Gemüse. Du gehörst nicht aufs Beet, du gehörst nicht auf die Wiese. Was willst du im Garten hier?«
»Wachsen will ich«, sagte das Pflänzlein. »Wachsen, bis ich so groß bin wie du!«
»Du Knirps, du Wicht!« rief das Haus. »An einem Salatkopf ist dreimal so viel dran wie an dir, aber solchen Unsinn redet er nicht! Die Kinder treten dich um, dann ist es mit dir 'rum!«
Aber die Kinder gaben auf das Baumkind acht. Und sie baten den Vater, es nicht umzumähen.
Das Kastanienbäumlein konnte wachsen, wie es wollte. Und zuletzt stand ein richtiger Kastanienbaum hinterm Haus.
Da wurden eines Nachts alle wach und riefen: »Was war das für ein Krach?«
Das war der Kastanienbaum gewesen. Der gab dem Haus eins aufs Dach.

Der lustige Fuchs

Eines Nachts im Februar
ging der Fuchs spazoren.
Da fand er vor dem Wirtshaus was,
das hatte wer verloren.

In dem Wirtshaus hatten die Leute bis nach Mitternacht Fasching gefeiert. Die Musik hatte gespielt, man hatte gesungen, man hatte getanzt, kurz, es ging hoch her. Aber einmal nimmt jede Faschingsfeier ein Ende.
Als der Fuchs ins Dorf kam, lag alles längst in tiefem Schlaf. Vom Fasching war nichts mehr zu merken. Nur vor dem Wirtshaus lag eine große rote Faschingsnase. Die setzte sich der Fuchs auf. Dann trottete er auf Umwegen nach Hause.
Die Sonne schickte ihre ersten Strahlen in den Wald. Der Fuchs mit der Faschingsnase trabte auf seine Burg zu. Da hörte er hinter sich ein Knacken. Zwischen den Bäumen stand der Jäger mit dem Gewehr.

Der Fuchs, er schaute sich um,
der Jäger lachte sich krumm,
die Flinte machte bumm,
die Kugel traf eine Fichte.
Aus ist die Geschichte.

Wer kennt die Pflanze?

Auf dem Acker sprießt ein Kraut.
Hübsche Blüten wachsen dran,
außen weiß und innen gelb —
aber keiner schaut sie an.

Beeren trägt die Pflanze dann,
saftig, grün und kugelrund.
Willst du eine? Pfui, das Zeug
kommt mir nicht in meinen Mund!

Doch nun kommt es an den Tag:
Hier, versteckt im Boden, sitzt
unsres Krautes wahrer Wert,
was uns nährt und was uns nützt.

Weg das Kraut! Es auszurotten,
wird der Boden aufgewühlt,
daß die Erde und was drin ist
fröhlich in die Gegend fliegt.

Große Wellen

Es machte einmal
große Wellen ein Wal.
Ein Hering schaute ihm zu:
»Ich wollte, ich wäre du!«

»Probier es doch selber. Nur Mut!
Aber ja, du kannst es schon gut!«
So sprach der Wal, das war fein
(man soll lieb zu den Kleineren sein).

Gespräch der Fische

Tausend Tropfen tupften auf den See von Tippeltappeltoppel, auf den See von Tippeltappeltoppel tupften tausend Tropfen.
Das muß man hundertmal geschwind hintereinander sagen. Denn so viel und so schnell regnete es auf den See von Du-weißt-schon-wo.
»So ist's recht!« sprach der Hecht.
Und alle anderen Fische im See waren genau der gleichen Meinung.
»Regnen soll es, regnen!«
»Den ganzen Tag und die ganze Nacht!«
»Bis der See überläuft!«
»Bis das Wasser in die Straßen von Tippeltappeltoppel rinnt!«
»Bis es in alle Häuser steigt!«
»Und in alle Geschäfte!«
»Und in die Schule!«
»Dann werden wir durch die Straßen schwimmen«, sagte der Barsch. »Und durchs Fenster ins Klassenzimmer!«
»Denn die Schule«, sagte der Karpfen, »ist der lustigste Ort von der Welt. Sonst liefen die Kinder nicht alle Tage hinein!«
Und alle Fische freuten sich schon aufs Hochwasser. Und auf den Besuch in der Schule.
Doch was sagte da die Forelle? »Es wird wieder helle!«
»Das ist mir gar nicht recht!« sprach der Hecht.

Der Federball

Nicht jeder ist, wie du wohl denkst,
durch Schläge zu betrüben.
Ich weiß ein hübsches Federding,
das möchte Hiebe kriegen.

Was helfen seine Federn ihm?
Es bleibt doch kläglich liegen.
Doch gibst du ihm eins hinten drauf,
dann kann es herrlich fliegen.

Samen an seidenen Schirmen

Heute seh' ich fliegen
Samen, kleine, braune,
wundersam an Schirmen,
und ich steh' und staune.

Wie sie lustig segeln
und sich auf den Wiesen
hübsche Plätzlein suchen —
was wird wohl draus sprießen?

Wo sie niedergehen
auf die dunkle Erde,
wachsen keine Kinder,
wachsen keine Pferde.

Und auch keine Löwen
mit gewalt'ger Mähne,
aber dafür sicher
goldne Löwenzähne.

Die Flaschenpost

Schwimmt eine Flasche im blauen Meer.
Mancher Fisch schaut sie sich an.

Was steckt hinterm Glas?
Eine hübsche kleine Muschel,
ein hübscher kleiner Stein,
ein Stück Papier mit drei Zeilen.

Ich habe sie in die Flasche gesteckt:
die hübsche kleine Muschel,
den hübschen kleinen Stein,
das Stück Papier mit den drei Zeilen.

Ich habe die Flasche den Wellen übergeben.
Sie schaukelt im Meer
manchen Tag,
manche Woche.

Eines Morgens
liegt sie an einem fremden Strand.
Ein Kind sieht die Flasche.
öffnet sie
und nimmt die drei Dinge heraus:
die hübsche kleine Muschel,
den hübschen kleinen Stein,
das Stück Papier mit den drei Zeilen.

Vielleicht versteht das Kind meine Sprache nicht.
Doch es blickt lange auf die drei Zeilen.
Um die Worte sind Blumen gemalt:
Das tut man doch nur um liebe Grüße!

Irma

Die Forelle Irma, noch recht klein,
schwamm vorbei an einem dicken Stein.
Unter ihr hervor kam eine Zange,
und dem Irmchen wurde angst und bange.

Ach, ihr war noch bange lange, lange.
Doch die Mutter sagte: »Dummes Kind,
schwimme nicht vorbei am Stein, dem dicken,
dann kann dich der freche Krebs nicht zwicken!«

Das Häslein mit dem neugierigen Näslein

Es waren einmal drei kleine Häslein.
Das kleinste Häslein war das neugierigste. Es steckte sein Näslein hinter jeden Stein. Und hinter jeden Busch. Und hinter jeden Baum. Und als es einmal sein Näslein in die Höhle unter einer Baumwurzel steckte, was entdeckte es da? Ein hübsches, rundes Nest aus Moos und Halmen.
Aber da flatterte ihm schon das Rotkehlchen um die Ohren: »Das ist mein Nest!«
Das Häslein hoppelte heim zu seinen Brüdern und klagte: »Das Rotkehlchen hat ein schönes, weiches Nest. Aber mich hat es nicht ein einziges Mal darin sitzen lassen!«
Als das Häslein wieder an der Baumwurzel vorbeikam, steckte es sein Näslein wieder in die Höhle. Was lag da im Nest? Ein kleines gesprenkeltes Ei.
Schon war das Rotkehlchen wieder da: »Das ist mein Ei!«
Das Häslein ging traurig zu seinen Brüdern zurück: »Das Rotkehlchen hat ein hübsches Ei. Aber ich habe nicht einmal dran schnuppern dürfen!«
Wieder kam das Häslein an der Höhle vorbei. Wieder schaute es hinein. Jetzt lagen fünf Eier im Nest. Aber schon jagte das Rot-

kehlchen das Häslein wieder davon: »Fort von meinen Eiern!«
Das Häslein wanderte gekränkt nach Hause und berichtete: »Das Rotkehlchen hat fünf Eier. Fünf Eier für sich allein! Und mir schenkt es kein einziges!«
Als das Häslein das nächste Mal in die Höhle schaute, saß das Rotkehlchen auf dem Nest und rührte sich nicht.
Das Häslein ging nach Hause und erzählte: »Denkt euch nur, was das Rotkehlchen jetzt macht! Der Geizkragen hat sich ganz fest auf seine Eier gesetzt. Nicht einmal ansehen darf ich sie mehr!«
Nach einiger Zeit schaute das Häslein wieder in die Höhle. Saß das Rotkehlchen immer noch auf dem Nest? Nein, es war endlich aufgestanden und betrachtete seine fünf Eier. Die hatten alle einen Sprung.
Empört lief das Häslein zu seinen Brüdern: »Alle fünf Eier sind jetzt kaputt! Und mir hat das Rotkehlchen nicht ein einziges gegönnt!«
Das Häslein war so enttäuscht, daß es nie mehr in die Höhle des Rotkehlchens schauen wollte. Aber als es wieder an der Baumwurzel vorbeikam, ließ ihm sein neugieriges Näslein doch keine Ruhe. Und als das Häslein diesmal sein Näslein in die Höhle steckte, was erblickte es da?
Im Nest saßen fünf Vogelkinder.
Das Rotkehlchen kam eben mit Futter herbei.
»Wo hast du nur die fünf Kinder her?« fragte das Häslein.
»Die sind aus meinen fünf Eiern geschlüpft«, erklärte das Rotkehlchen stolz. »Sind sie nicht lieb?«
»Ich hole geschwind meine Brüder«, rief das Häslein. »Die werden staunen und sagen: So etwas Liebes haben wir noch nie gesehen!«

Es war mal einer

Es war mal einer,
ein süßer, ein kleiner.
Da kamen zwei
Starke herbei,
die fragten nicht viel,
für die war's nur ein Spiel,
die packten ihn gleich
und warfen ihn in den braunen Teich.
Blubberblubber, aus.
Und kämen zehn Männer daher
und suchten drei Wochen und mehr,
den Kleinen fischt keiner mehr 'raus.

Zuckerbrocken, lieber,
mit dir ist es vorüber.
Im Kaffee bist du zergangen im Nu.
Wer badet nur einmal im Leben?
Du!

Ich schaue den Vöglein ins Nest hinein

Professor Wargentin und der kleine Thomas hielten fest zusammen. Sie waren nämlich Nachbarn, und Nachbarn sollen gute Freunde sein.
Wenn Thomas etwas nicht wußte, brauchte er bloß Professor Wargentin zu fragen. Professor Wargentin wußte alles. Nur einmal hatte er ein Weilchen überlegen müssen. Das war gewesen, als ihn der kleine Thomas fragte: »Herr Professor, was weißt du eigentlich nicht?«
Professor Wargentin hatte schon viele Bücher geschrieben. Und jetzt schrieb er wieder an einem neuen, dicken Buch. Wenn er an seinem Tisch saß, war er so in seine Arbeit vertieft, daß er nichts mehr sah und hörte. Da hätte Thomas über die Hecke herüberrufen können, so oft er wollte. Darum hatte ihm Professor Wargentin eine Negertrommel geschenkt, die er vor zwanzig Jahren aus Afrika mitgebracht hatte. Mit solchen Trommeln geben sich die Neger im Urwald stundenweit von einem Dorf zum andern Nachrichten, und eine solche Trommel ist wirklich nicht zu überhören.
Wenn Thomas mit den Fäusten im Takt auf die Trommel schlug, dann ging drüben das Fenster auf, und ein freundliches Gesicht mit einer goldenen Brille schaute heraus. Auf dem Kopf war eine Glatze, aber über jedem Ohr schimmerte noch ein Büschel silberweißer Haare. Das war Professor Wargentin.
Er rief: »Guten Tag, Thomas!« Dann schloß er das Fenster wieder, und gleich darauf kam er durch den Garten zur Hecke her.
Nun erzählte Thomas, was er auf dem Herzen hatte. Entweder wußte er bei seinen Hausaufgaben nicht mehr weiter, oder er hatte

sich mit anderen Buben über eine Frage gestritten, und nun mußte Professor Wargentin entscheiden.
So hatten sie sich einmal unterhalten, wer älter wird, ein Gaul oder ein Karpfen. »Oh«, sagte Professor Wargentin, »ein Gaul wird dreißig oder vierzig Jahre alt. Aber ein Karpfen kann älter werden als ein Mensch — hundert, ja sogar hundertzwanzig Jahre!«
Ein andermal wollte Thomas wissen, wie tief das Meer ist. Da schaute ihn Professor Wargentin durch seine goldene Brille an, hob den Zeigefinger und sagte: »Das Meer ist ganz verschieden tief. Es gibt Stellen, da ist es einen Meter tief, und es gibt Stellen, da ist es tausend Meter tief. Im Wasser stehen Berge, so hoch wie die Alpen, und manchmal schauen die Spitzen noch aus dem Wasser, das sind dann die Inseln. Und dann gibt es wieder tiefe, tiefe Schluchten. Dort aber, wo das Meer am tiefsten ist, reicht es mehr als zehn Kilometer weit hinab.« Und nun erzählte er gleich noch eine Geschichte, denn er war selber schon in einer Kugel aus Eisen und Glas ins Meer getaucht, bis weit hinunter, wo es leuchtende Fische gibt. Andere Männer hatten ihn von einem Schiff aus hinabgelassen und wieder heraufgezogen.
Eines Tages erlebte Professor Wargentin etwas sehr Merkwürdiges. Er stand jeden Morgen um sechs Uhr auf, und um sieben Uhr setzte er sich an seine Schreibmaschine, um da weiterzuschreiben, wo er gestern aufgehört hatte. Aber als er heute den letzten Satz las, der da auf dem Papier stand, glaubte er seinen Augen nicht zu trauen. Aufgeregt nahm er seine Brille ab, putzte das letzte Stäubchen fort und setzte sie wieder auf. Aber es half alles nichts. Da stand: *In der Nacht schau' ich den Vöglein ins Nest hinein.*
»Ich doch nicht!« rief Professor Wargentin.

Nein, das konnte er beim besten Willen nicht, zu all den Vogelkindern schauen, die oft ganz oben in den Kronen der Bäume ihr Nest haben. Und darum konnte er das auch nicht geschrieben haben.
Professor Wargentin überlegte. Und je länger er überlegte, um so gewisser wußte er, daß jemand anders in der Nacht auf seiner Schreibmaschine geschrieben hatte. Aber wie war der hereingekommen? Die Haustür war zugesperrt, und auch das Fenster neben dem Schreibtisch war geschlossen. Wer mochte das nur gewesen sein?
Immerfort mußte Professor Wargentin darüber nachdenken. Sonst schrieb er jeden Tag acht Seiten an seinem Buch. Heute brachte er vor lauter Grübeln mit knapper Not sechs Seiten zustande.
Am Abend fiel ihm eine List ein. Er spannte ein neues Blatt Papier in die Maschine und schrieb darauf: *Wie alt bis du?*
Außerdem streute er ganz feinen Sand auf den Boden.
Am nächsten Morgen war nicht die geringste Spur auf dem Fußboden zu entdecken. Aber auf das Blatt war klar und deutlich die Antwort getippt: *Sechsundzwanzig Tage.*
Wer konnte sechsundzwanzig Tage alt sein und den Vöglein ins Nest hineinschauen? Der Professor konnte es nicht erraten. Heute schrieb er nur vier Seiten. Am Abend dachte er sich eine neue Frage aus: *Wie groß bist du?*
Die Antwort, die er am Morgen fand, machte ihn ganz verzweifelt. Da stand nämlich: *Noch kleiner als gestern.*
An diesem Tag schrieb er gar nur zwei Seiten. Als der Abend kam, hatte er alle Hoffnung verloren, daß er jemals selber dahinterkommen würde, wer in der Nacht heimlich an seiner Schreib-

maschine war. Darum schrieb er diesmal, so schwer es ihm fiel, geradeheraus die Frage: *Wer bist du eigentlich?*
Am anderen Morgen verlor er vor Aufregung auf dem Gang einen Pantoffel, als er in sein Arbeitszimmer stürzte. Doch, o Enttäuschung, diesmal stand überhaupt keine Antwort mehr auf dem Papier. Am liebsten hätte er sich die Haare gerauft, wenn noch welche auf seinem Haupt gewachsen wären. Vielleicht, daß er nun sein Leben lang das Rätsel mit sich herumtragen mußte. Er konnte es noch gar nicht fassen.
An diesem Tag wurde es Nachmittag, und er hatte noch keine einzige neue Seite an seinem Buch fertiggebracht. Plötzlich fiel ihm der kleine Thomas ein. Dem hatte er schon so oft geholfen — vielleicht, daß diesmal, wo er das erste Mal selber in Not geraten war, der kleine Thomas ihm helfen könnte!
Professor Wargentin ging an die Hecke. Weit und breit war kein Thomas zu sehen.
Professor Wargentin hatte ein altes Posthorn; auf dem hatte vor hundert Jahren ein Postillion geblasen, wenn er mit seiner Postkutsche durchs Land fuhr. Dieses Posthorn holte er und blies ein Lied; es war eine fröhliche Melodie, aber heute kam sie ein bißchen wehmütig heraus.
Gleich darauf kam Thomas drüben ums Eck geschossen. In der Hand hielt er noch ein kleines Segelboot, an dem er eben gebastelt hatte.
»Thomas!« rief Professor Wargentin. »Ein Glück, daß du zu Hause bist! Ich muß dir etwas erzählen. Denk dir, da hat jetzt schon dreimal in der Nacht jemand auf meiner Schreibmaschine geschrieben... Die Tür war zu, das Fenster war zu, und ich komme nicht

dahinter, wer es war. Das erste Mal hat er geschrieben: Ich schaue den Vöglein ins Nest hinein. Das zweite Mal ... «
»Ob das nicht der Mond war?« fragte Thomas.
Professor Wargentin schaute ihn einen Augenblick mit großen Augen an, daß Thomas ganz bang wurde. Dann aber schlug er ihm über die Hecke hinweg auf die Schulter und rief: »Wahrhaftig, Thomas, du hast es erraten! Die Schreibmaschine steht neben dem Fenster, und da kann der Mond gerade auf die Tasten scheinen. Nur der Mond kann all den Vöglein ins Nest hineinschauen. Vorgestern war er sechsundzwanzig Tage alt, gestern war er noch kleiner als in der Nacht vorher, denn er war ja im Abnehmen, und heute nacht konnte er keine Antwort mehr geben, denn heute ist Neumond! — Daß ich nicht selbst darauf gekommen bin!«
Vor Freude schenkte Professor Wargentin dem Thomas ein Kästchen mit Glasdeckel, in dem sich ein wunderschöner Schmetterling befand, den er von der Insel Madagaskar mitgebracht hatte.
Professor Wargentin hätte sich gerne noch manchmal mit dem Mond unterhalten. Aber der neue Mond wußte von allem nichts mehr, und es machte ihm, wie es schien, keinen Spaß, auf der Schreibmaschine zu schreiben. Es stand nie mehr ein Wort auf dem Papier.

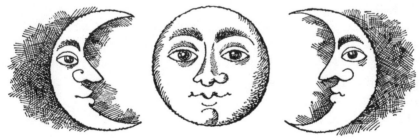

Der Schirm

»Wozu und weshalb und weswegen
geht dieser Schirm da im Regen?«
so sprach auf dem Baum an der Straße
ein Finkenherr zu seiner Base.

Drauf sie: »Ich kann dir versichern,
ich hörte ganz deutlich was kichern.
Da drunter gehen, ich wette,
die Ruth-Marie und Annette!«

Elsibeth

Es war einmal ein Mädchen. Wie hieß es doch gleich? Elsibeth! Richtig, Elsibeth, und nicht Elsbeth oder Elisabeth oder Marianne oder Gaby oder Annemarie oder Kornelia oder Susanne. Elsibeth, und nicht anders! Nein, da braucht sich keine Elsbeth oder Elisabeth oder Marianne oder Gaby oder Annemarie oder Kornelia oder Susanne betroffen fühlen und denken, sie sei mit der Geschichte gemeint. Dabei essen sie doch alle brav, was ihnen die Mutter mit Mühe gekocht hat. Nur bei Elsibeth war das anders.
Diese Elsibeth aß nicht gern ... Ja, was aß sie eigentlich nicht gern?
Am Montag gab es Reibekuchen mit Kompott.
Elsibeth sagte: »Ich mag keinen Reibekuchen.«

Als Elsibeth am Dienstag aus der Schule kam, stellte die Mutter Frikadellen für sie auf den Tisch.
Elsibeth stöhnte: »Frikadellen!«
Am Mittwoch bereitete die Mutter etwas besonders Feines: gefüllte Tomaten mit Petersilienreis.
Elsibeth klagte: »Ich will Pfannkuchen!«
Am Donnerstag brachte die Mutter Pfannkuchen mit Marmelade.
Elsibeth erklärte: »Ich mag keine Pfannkuchen!«
Am Freitag gab es gebratenes Fischfilet mit Kartoffelsalat und Mayonnaise. Elsibeth ächzte: »Schon wieder Fisch!«
Am Samstag füllte die Mutter den Teller mit goldgelbem Kaiserschmarren. Sie stellte den duftenden Kaiserschmarren vor Elsibeth auf den Tisch, dazu ein Schälchen mit Aprikosenkompott.
Was sagte Elsibeth? — »Ich mag keinen Kaiserschma...«
Der Rest blieb ihr im Halse stecken. Entgeistert starrte sie dem Tische nach, der wie ein Wiesel zur Tür hinauslief und verschwand. Nach einer Weile kam der Tisch wieder zur Tür herein. Doch bevor er sich an seinen Platz stellte, trat er Elsibeth geschwind auf die Zehen.
»Au!« schrie Elsibeth. »Das hat er mit Absicht getan! Bestimmt!«
»Er wird wohl seinen Grund gehabt haben«, meinte die Mutter.
»Jemand hat meinen schönen Kaiserschmarren gegessen!« stellte Elsibeth entrüstet fest.
»Dir war er ja nicht gut genug«, sagte die Mutter. Sie nahm den Teller und das Schälchen vom Tisch. Beide waren leer und blitzblank. »Oh, die sind sogar schon abgespült!« sagte die Mutter. Aber dann schaute sie den Teller und das Schälchen genauer an und sagte: »Nein, sie sind nicht abgespült. Sie sind ausgeleckt.«

»Ausgeleckt!« rief Elsibeth. »Pfui! Teller auslecken ist nicht fein!«
»Nein«, sagte die Mutter. »Teller auslecken ist nicht fein. Aber es gibt Millionen Kinder auf der Welt, die oft tagelang nichts zu essen haben. Zu einem solchen Kind, scheint mir, ist der Tisch gelaufen. Und wenn so ein Kind, das nicht weiß, ob es morgen oder übermorgen etwas zu essen bekommt, den Teller auch noch ausleckt, um ja nichts zurückzulassen, dann wollen wir es ihm trotz allem nicht übelnehmen. Oder?«
Einige Tage später hatte Elsibeth Geburtstag. Die Mutter hatte Elsibeths Lieblingsspeise gekocht und auf den Tisch gestellt. Elsibeth wollte schon anfangen zu essen, aber dann legte sie das Besteck wieder nieder. Sie gab dem Tisch einen kleinen Klaps und flüsterte: »Lauf!«
Das ließ sich der Tisch nicht zweimal sagen. Er huschte zur Tür hinaus.
Wieder kam er mit leerem Teller zurück. Aber als er sich diesmal an seinen Platz stellte, gab er gut acht, daß er Elsibeth nicht auf die Zehen trat.

Susi Sausewind

Kennst du Susi Sausewind?
Alles geht bei ihr geschwind,
geht so flink-flott-sausend-brausend:
»Eins, zwei, drei, vier, fünf, sechs, tausend«,
so zählt Susi Sausewind.

Der dicke Tropfen

In der Schillerstraße neunundachtzig
sah ein Mädchen aus dem fünften Stock.
Unten ging vorbei ein Herr mit Nelken.
Der bekam auf einmal einen Schock.

Denn von Petras Backe war gekollert
eine Träne, dick und kugelrund.
Diese fiel vorbei am vierten Stockwerk
und am dritten, zweiten, ersten und

jenem Herrn mit Nelken in den Nacken.
Der erschrak und machte eilig kehrt.
Erst nach zehn Minuten kam er wieder,
aber jetzt mit einem Schirm bewehrt.

Doch nun fallen weiter keine Tropfen,
und die Mühe hat sich nicht gelohnt.
Keine Wolke ist zu sehn. Und Petra
strahlt schon wieder wie der volle Mond.

Der feine Herr, der Räuber und die Dame

»Nicht zu glauben!« gurrten die Tauben.
Aber es stimmte doch. Sie ließen es sich nicht nehmen, sie gingen alle drei auf den Faschingsball: das Schwein, das Schaf und die Ente.
Das Schwein ging als feiner Herr mit blütenweißer Weste und tadellosem Frack.
Das Schaf ging als zünftiger Räuber.
Die Ente ging als Dame.
»Man wird euch kennen!« meinten die Hennen.
Darauf sprach das Schwein im Frack nichts als: »Pack!«
Dann gingen die drei aus dem Hof und schritten die Straße hinunter, die zum Wirtshaus führte.

»Wer sollte uns kennen?« fragte das Schaf keck unter seinem verwitterten Schlapphut hervor.
»Niemand!« erklärte das Schwein. »Wenn nur die Ente nicht schnattert. Damen schnattern nicht, und wenn die Ente sich vergißt und in ihr ewiges Schnattern verfällt, ist alles verraten.«
»Wie soll ich, wie werd' ich, was denkt ihr von mir!« schnatterte die Ente, und dann hielt sie den Schnabel, um sich im Stillsein zu üben. Aber da kamen aus einem Haus vor ihnen drei Gestalten: ein Cowboy, ein Wolf und eine Hexe.
»Oh!« rief das Schaf und blieb erschrocken stehen.
»Aber ich bitte dich«, sagte das Schwein, »die sind doch nicht echt.«
»Ach, ich weiß nicht...« meinte das Schaf verzagt.
»Du kannst völlig unbesorgt sein«, sagte das Schwein beruhigend, »und übrigens...«

Während sich das Schwein noch überlegte, was es übrigens noch sagen wollte, legte es sich in Gedanken mit seiner blütenweißen Weste in eine große Pfütze.
»Was machst du, was tust du, wie siehst du aus!« schnatterte die Ente. »Ein feiner Herr willst du sein? Alles andere bist du! Schau dich nur an! So können wir nicht mit dir auf den Ball! Unmöglich! Ausgeschlossen!«
Die Ente schnatterte und schnatterte. Sie schnatterte auf dem ganzen Heimweg. Und die anderen zu Hause hörten sie schon von weitem.
»Aha!« sprach der Hahn. »Da kommen sie wieder an!«

 Da war die Welt wieder ganz

»Sie sind nicht mehr zu sehen!« so krächzten die schwarzen Krähen.
Das Land unter ihnen lag still und stumm und verschneit.
Nur das Krächzen der Krähen schallte weit.
»Der Igel im Busch, wo tappt er noch?«
»Ist längst erfroren, ich sagte es doch!«
»Hüpfen noch Frösche dort unten am See?«
»Liegen alle steif unter Eis und Schnee.«
»Eidechse, Schlange, Salamander?«
»Mausetot, alle miteinander.«
»Fliegt noch ein Falter im weißen Land?«

»Kein einziger hielt dem Winter stand.«
»Die Bienen?«
»Sie haben ausgesummt.«
»Die Hummeln?«
»Sind für immer und ewig verstummt.«
»Wo schreit noch ein Kuckuck, wo pfeift noch ein Star?«
»Sie sind dahin wie das alte Jahr.«
»Aber wir sind noch da, und das ist genug!«
So krächzten die Krähen in ihrem Flug.

Doch der Frühling kam. Was geschah?
Da waren sie plötzlich wieder da.
Sie krochen hervor aus ihren Verstecken, aus Ritzen und Löchern an tausend Ecken.
Die Bienen summten, die Hummeln brummten, die Eidechsen kamen fröhlich gelaufen, der Igel kroch aus dem Reisighaufen. Die bunten Falter flogen wieder.
Die Sonne schien golden nieder.
Zum Schluß kam der Kuckuck von der Reise zurück.
Da war die Welt wieder ganz.
Das war ein Tanz und ein Glanz und ein Glück.

Klavier Klafünf
Klasieben

Klavier, Klafünf, Klasieben

Wir haben ein Klavier,
auf diesem spielt ein Tier.
Es spielt darauf die Ente,
sie tut, als ob sie's könnte.

Du sollst dich nicht betrüben,
Klavier, Klafünf, Klasieben:
Laß die Ente Ilsebill
auf dir watscheln, wie sie will,
heute am ersten April!

Morgens um zwölf

Es war einmal ein Reiter,
der ritt hinauf eine Leiter.
Die Leiter führte nicht weiter.
Sie stand nur in der Luft herum.
Da schauten Roß und Reiter stumm.
Drauf ritt der Reiter kopfunter
drüben wieder hinunter.

Das ist frühmorgens um zwölf geschehn.
Ich hab's mit eigenen Ohren gesehn.

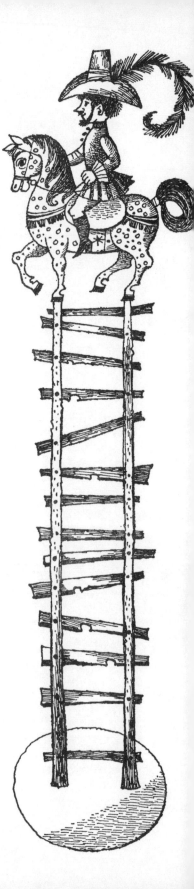

Aha!

Es war mal ein Hochhaus. Das war so hoch,
ich sag' dir gleich wie.
Der Lift war kaputt. Ein Herr ging zu Fuß.
Als er droben ankam,
hatte er einen Bart bis ans Knie.
Da stand er, ein bißchen Mann und viel Bart.
Und sagte: »Aha! Jetzt kommt er wieder in Fahrt!«

Platsch

Herr Direktor Xaver Haber saß,
saß, die Stirn gerunzelt, saß und las,
las und las, vertieft in einen Brief.
Doch da merkte er, wie jemand lief,
und er machte Schluß, ganz schnell im Satze,
denn die Fliege Berta lief auf seiner Glatze.

Herr Direktor platschte sich aufs Haupt.
Sie zu treffen hatte er geglaubt.
Hatte es gehofft von Herzen, aber
Berta lebte fort,
sehr zum Leid von Herrn Direktor Haber.

Das Rezept

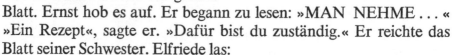

Der April war eben eingetroffen. Ernst und Elfriede gingen von der Schule nach Hause. Da fanden sie an der Straße ein großes Blatt. Ernst hob es auf. Er begann zu lesen: »MAN NEHME ...«
»Ein Rezept«, sagte er. »Dafür bist du zuständig.« Er reichte das Blatt seiner Schwester. Elfriede las:
»MAN NEHME
EINEN GROSSEN TOPF SCHNEE
EINEN SCHÖPFLÖFFEL REGEN
EINEN ESSLÖFFEL STURMGEBRAUS
EINE MESSERSPITZE SONNENSCHEIN!«
»Was soll das bedeuten?« fragte Ernst.
»Hm«, sagte Elfriede mit gerunzelter Stirn.
Sie las das Ganze noch einmal.
»Aha!« rief sie, als sie fertig war.
Und auch bei Ernst war jetzt der Groschen gefallen:
»Das hat der April verloren! Es ist das Rezept, nach dem er das Wetter brauen will. Da können wir uns auf was gefaßt machen!«
»Dem kann abgeholfen werden!« meinte Elfriede. Sie kramte aus ihrem Ranzen einen Stift. Dann legte sie das Rezept auf den Ranzen und begann, es zu korrigieren. Als sie mit ihrer Arbeit fertig war, lautete das Rezept:
»MAN NEHME
EINEN GROSSEN TOPF SONNENSCHEIN
EINEN SCHÖPFLÖFFEL FRÜHLINGSLUFT

EINEN ESSLÖFFEL REGEN
EINE MESSERSPITZE SCHNEE!«

»Oh!« rief Ernst anerkennend. »Jetzt schaut es schon bedeutend besser aus!«

»Der April kommt bestimmt wieder und sucht nach seinem verlorenen Rezept«, meinte Elfriede.

Sie legte das Blatt an seinen alten Platz an der Straße. Dann wanderten die beiden zufrieden nach Hause.

Schorke mit der Gorke

»Wie heißen Sie?«
            »Rudi Schorke.«
»Was haben Sie da?«
            »Eine Gorke.«
»O Schorke, du bist ein Schurke!
Die Gorke ist eine Gurke!
Sie ist gestohlen aus meinem Beet.
Jetzt wirst du sehen, wie's dir geht!
Ich sperre dich, du Zuckel,
zu meinen Hennen als Guckel.
Und krähst du nicht richtig kikeriki,
dann kriegst du auch kein Futter nie!«
»Ich tu's nicht mehr, ich tu's nicht mehr!«
»Dann kannst du gehn. — Ich bitte sehr!«

So wird's gemacht

Stirbt Johannes Bömmel,
kommt er in den Hömmel.
Sterben aber will er nicht,
leben will er lieber.
Und er weiß auch, wie man's macht:
Auf der Straße gibt er acht.
Muß er mal hinüber,
geht er nur bei grünem Licht.

Kleiner Traum

Ach, was tu ich? dacht' ich mir. Ich brauche
irgend jemand, der mir gut gefällt.
Eine Fee zum Beispiel namens Lisi Bella
(manche Feen heißen so vielleicht).
Und ich gab mir Mühe, sie zu malen.

Zwischen Blumen hatte ich sie hingestellt.
Doch da stieg sie lachend aus dem Blatt,
ging mit mir auf klappernden Sandalen
durch die Stadt und durch die ganze Welt.

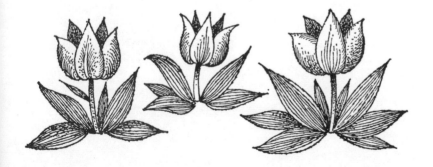

ROBO

In einem Haushalt gibt's zu tun
von früh bis spät, tagaus, tagein.
Doch uns geht's gut. Den Laden schmeißt
ROBO, der Roboter, allein.

Er kocht, er spült, er saugt, er schrubbt.
Für ihn gibt's kein Problem.
Wer wäscht das Auto? ROBO kann's! —
Wir machen's uns bequem.

Wer putzt die Fenster? Wer heizt ein?
ROBO! ROBO! ROBO!
Steigt einer nachts zum Fenster rein:
ROBO haut ihn k.o.!

Seit einer Woche aber ist
ROBO so kurios.
Kann's eine Drahtverschlingung sein?
Ist eine Schraube los?

Er streicht die Zimmerlinde flach,
begießt die Kissen mit der Kanne.
Die Eier zieht er ritsch-ratsch auf,
den Wecker haut er in die Pfanne.

Wo jault der Hund? Er steckt im Müll.
Was rumpelt vor dem Haus?
ROBO führt an der Hundeleine
den Abfalleimer aus.

So werkt er unverdrossen fort,
von früh bis spät, tagaus, tagein.
Den Geldbriefträger schmeißt er 'naus,
den Dieb läßt er herein.

Er schafft, so tüchtig wie nur je,
mit immer gleicher Miene.
Statt alter Wäsche stopft er jetzt
die Post in die Maschine.

Erst schnippelt er die Schuhe klein,
dann wichst er die Karotten.
Der Schellfisch wird schön abgestaubt,
das Telefon gesotten.

Wir haben ROBO angeschafft —
jetzt ist er Herr im Haus.
Zum Teppich sagt er: »Guten Tag!«
Und uns? Uns klopft er aus!

Lied, sich selber vorzusingen

Es geht ein Lamm
nach Rotterdam,
nach Rotterdam
ans Meer.
»Was willst du, Lamm,
in Rotterdam,
in Rotterdam
am Meer?«

»Zu sehen halt,
zu sehen halt,
zu sehen, wie's
da wär,
marschiere ich,
ich junges Lamm,
nach Rotterdam
ans Meer.«

»Doch bist du, Lamm,
in Rotterdam
— das Herz, es wird
mir schwer —,
dann fahr doch nicht,
ich bitte dich,
hinaus aufs hohe
Meer.

In Rotterdam,
mein liebes Lamm,
in Rotterdam
am Meer,
dort schau dir nur
den Hafen an,
und dann komm
wieder her!«

Der Riese Häuserlupf

Damals als es noch Riesen gab, traf ein Junge namens Fridolin einen Riesen namens Häuserlupf. Das war eine Woche vor den großen Ferien.
Fridolin ging nach Hause. Am Abend legte er sich ins Bett.
Als er am anderen Morgen aufwachte, hörte er, wie seine Mutter im Bett sagte: »Was war das nur heute nacht? Dieses merkwürdige Sausen ums Haus!«
»Und dieses Zittern!« sagte der Vater. »Erst dachte ich an ein Erdbeben. Und dann war mit einem Schlag alles vorüber.«
Fridolin setzte sich auf und rieb sich die Augen.
Plötzlich war er hellwach. Ihm war etwas eingefallen. Er sprang aus dem Bett und rannte ans Fenster.
»Gemsen!« rief er. »Draußen stehen Gemsen!«
»Du scheinst noch zu träumen«, meinte die Mutter.
»Ehrenwort! — Sieben Stück!« rief Fridolin.
»Du hast dich im Kalender geirrt«, erklärte der Vater. »Wir schreiben jetzt Juli. Nicht den ersten April.«
Er stand aber doch auf und trat ans Fenster.
»Tatsächlich«, sagte er. »Im Garten stehen Gemsen.«
Die Mutter eilte auch herbei. »Wahrhaftig, Gemsen! Gemsen in unserem Garten! Und wie neugierig sie dreinschauen. So richtig erstaunt.«
»Sie scheinen sich über unser Haus zu wundern«, sagte der Vater.
»Was ist an unserem Haus so verwunderlich? Ich denke, eher hätten wir Grund, uns über sie zu wundern!«
Da tat die Mutter einen Schrei: »Mein Salat! Sie haben meinen Salat

abgeweidet! Und die Rosen! Und die Nelken! — Aber was ist das? Dort wächst ja Enzian! Und da Almenrausch! Und dort am Felsen blüht sogar Edelweiß! Aber wo kommt denn der Felsen her? Seit wann haben wir ein Alpinum im Garten?«
»Ja, ist das denn überhaupt noch unser Garten?« rief der Vater. »Schauen wir mal zur anderen Seite hinaus!«
Die drei wanderten im Nachtgewand zum Wohnzimmer. Sie traten ein — und riefen ein entzücktes »Ah!«
Tief unter ihnen breitete sich das weite Land im Schein der Morgensonne. Klein und zierlich lagen Dörfer und Städte zwischen Wiesen, Feldern und Wäldern. Silberne Flüsse verloren sich in der Ferne...
»Herrlich! — Diese Aussicht! — Einzigartig!«
Es dauerte lange, bis sich die drei gefaßt hatten.
Schließlich sagte der Vater: »Schön ist es hier oben, da gibt es keinen Zweifel. Aber interessieren würde es mich doch, wie wir plötzlich hier heraufgekommen sind.«
»Es gibt nur eine Möglichkeit«, meinte die Mutter. »Der Riese Häuserlupf muß heute nacht unser Haus genommen und auf diesen hohen Berg gestellt haben.«
»Ja, der Häuserlupf«, sagte der Vater. »Dem wäre das wohl zuzutrauen. Aber wie kommt er ausgerechnet auf unser Haus? Und warum hat er sich die Mühe gemacht, es so weit zu transportieren?«
»Das ist mir auch ein Rätsel«, sagte die Mutter. »Aber eins muß man dem Häuserlupf lassen: Er hat beim Tragen gut achtgegeben! Nicht eine Vase ist umgefallen!«
Fridolin stand neben seinen Eltern und gab keinen Pieps von sich. Der Vater holte das Fernrohr. In weiter, weiter Ferne war der Garten zu erkennen, in dem bis gestern abend das Haus gestanden

hatte. Und nicht weit davon stand die Schule — ein winziges, weißes Kästchen.
»Da brauche ich heute natürlich nicht zur Schule«, sagte Fridolin.
»Nein, das kann niemand von dir verlangen«, erklärte der Vater. »Es ist ohnehin ein Ding der Unmöglichkeit, von diesem hohen Berg ins Tal zu kommen. Übrigens, du scheinst nicht sehr traurig darüber zu sein.«
»Ach, war das in den letzten Tagen eine Plage mit diesem Jungen«, erzählte die Mutter. »Er wollte nicht mehr in die Schule, er wollte keine Aufgaben mehr machen. Fridolin konnte einfach die Ferien nicht mehr erwarten. Aber jetzt ist er ja erlöst. — Bleibt nur die Frage, ob wir überhaupt je wieder von diesem Felsen kommen. Für einige Zeit sind wir zwar mit Vorräten versorgt, aber wir können doch nicht ewig hier oben bleiben. Ach, jetzt fällt mir ein, am ersten Ferientag wollte ja Tante Beate mit ihrer Familie zu uns kommen. Die werden traurig sein, wenn sie unser Haus nicht mehr im Garten finden! Wir hatten uns doch alle so aufeinander gefreut! Und nun können wir ihnen nicht einmal mehr Nachricht geben ...«
»Kommt Zeit, kommt Rat«, sagte Fridolin.
Der Vater sah seinen Sohn verwundert an. »Seit wann wirfst du mit Sprichwörtern um dich?« fragte er.
Die Familie verbrachte eine herrliche Woche im Hochgebirge. Nur die Frage, wie das alles weitergehen würde, machte ihnen hin und wieder Sorge. —
In der Nacht vor dem ersten Ferientag war wieder dieses feine Zittern und dieses seltsame Sausen zu spüren. Und am Morgen des ersten Ferientages stand das Haus wieder auf seinem alten Platz im Garten.

Am Nachmittag kam Tante Beate mit Onkel Georg, dem neunjährigen Willibald und der siebenjährigen Susanne.
Einige Tage später machten alle einen gemeinsamen Spaziergang. Wer kam ihnen da entgegen, so großmächtig, daß sein Schatten über sieben Felder reichte? — der Riese Häuserlupf!
Als der Riese vorübergegangen war, blieb der Vater stehen. Er sah seinen Sohn scharf an und sprach: »Du, sag einmal! Mir war eben, als hättet ihr beide euch zugezwinkert, der Häuserlupf und du!«

Die Nase

In dem Städtchen Lirpa lebt ein Mann.
Diesen Herrn ziert eine solche Nase,
daß er keine Türe öffnen kann.
Er erreicht sie nicht, trotz allem Eifer!
Denn die Nase stößt von weitem an,
und er selbst steht traurig fern
einen Meter vor dem Fußabstreifer.

Herr Bingel mit dem Hut

Herr Bingel geht über den Rhein,
sein Hut ist neu und fein.
Herr Bingel, Herr Bingel, Herr Bingel,
der Wind ist ein schlimmer Schlingel!

Schon hat der Wind den Hut geklaut.
Herr Bingel steht betrübt und schaut.
Sein Hut, sein neuer, feiner,
wird kleiner, kleiner, kleiner.

Ein Schlepper rattert, tatüftatö,
drauf haust Familie Wasserflöh.
Der Hut fliegt her. Er hat sich jetzt
Herrn Wasserflöh aufs Haupt gesetzt.

Der Kapitän, Herr Wasserflöh,
schreit erst: »Juchheißa!« dann: »O weh,
der Hut, so nagelneu und fein,
potz Kohlendreck, er ist zu klein!«

Er schmeißt den Hut voll Wut empor.
Der Hut fällt einem Has' aufs Ohr.
Bis zu den Zehen reicht der Hut.
Der Hase spricht: »Er steht mir gut!

Die Größe paßt genau für mich.
Kommt jetzt der Fuchs, dann denkt er sich:
Dort geht ein Hut, ein feiner! —
Aber mich sieht keiner!«

Die Elster, schwarz und weiß gescheckt,
hat bald den schönen Hut entdeckt.
Sie saust herab, ein Griff, und schon
fliegt sie mit einem Hut davon!

Mit ihrer Beute will sie heim
zum Neste hinter Bonn am Rhein.
Ein Habicht naht, er spreizt die Krallen.
Sie läßt den Hut ganz einfach fallen.

Der setzt sich sanft auf eine Glatze.
Dort ist der Hut am rechten Platze.
Er ließ sich auf Herrn Bingel nieder.
Schau an, jetzt lacht Herr Bingel wieder!

Wozu die Ohren gut sind

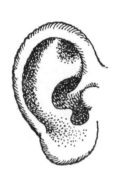

Als ich aus dem Boote mich
übers Wasser beugte,
um zu sehn, was Schönes sich
in der Tiefe zeigte:

Von der Nase fiel mir da
meine schöne Brille,
machte einmal blubb-blubb-blubb,
dann war alles stille.

Mancher Fisch, der nicht gut sieht,
wird sie aufprobieren.
Steht sie ihm, kann er doch nicht
weit damit spazieren.

Brille, Brille, gutes Stück,
ich hab' dich verloren,
und dem Karpfen nützt du nichts —
er hat keine Ohren!

Der Schurke und der Bösewicht

Auf einem Berge trafen sich
ein Schurke und ein Bösewicht.
Die schrien sich grad ins Gesicht:
»Du, deine Nase paßt mir nicht!«
Sie schauten bös! Sie boxten sich,
sie zwickten, zwackten, packten sich.
Sie kämpften wild. Und fielen um.
Dann ging es pumperum-pum-pum.
Sie schlugen Purzelbäume, hopp,
den Berg hinunter im Galopp.
Und sausten noch in vollem Schuß
im Tale in den kühlen Fluß.
Aus diesem stiegen dann die beiden,
bekümmert wie die Trauerweiden
und humpelten nach Hause fort.
Und keiner sagte mehr ein Wort.

Frieda Frohgerumpel

Mein Freund Georg gab geschwind
allen Straßenbahnen Namen,
allen, die vorüberkamen,
daß sie nicht mehr ohne sind.

Eine hieß er Berta Bimmel,
eine Frieda Frohgerumpel,
eine Lisa Wieselwind.

Der Tupfen auf dem Ei

Ich war nicht dabei, als das passierte mit dem Tupfen auf dem Ei. Aber die Meise hat es mir gewispert. Die weiß es vom Gimpel, und der hat's vom Specht. Du kennst ja den Specht, der manchmal so schallend lacht. Warum er das macht? Eben drum. Er hat mal wieder an die Geschichte mit dem Tupfen gedacht.
Es gab eine Zeit, da bemalten die Osterhasen die Ostereier mit einer einzigen Farbe und weiter nichts. Aber da geschah etwas.
Irgendwo hinter sieben Waldecken saß der Osterhasenvater.
Was tat er? Er rührte Ostereierfarben an.
In einem Topf Schlüsselblumengelb.
In einem Topf Tulpenrot.
In einem Topf Ersteswiesengrün.
In einem Topf Märzhimmelblau.
In einem Topf Aprilregenbogenlila.
Und während der Osterhasenvater Ostereierfarben anrührte und die Osterhasenmutter Ostereier kochte, rannten die Kinder von einem zum anderen und schauten, ob sie noch nicht fertig waren.
Nur der kleinste Osterhasenjunge hoppelte irgendwo zwischen den Palmkätzchen-Weiden und Troddelkätzchen-Haseln. Nein, er hoppelte nicht, er saß. Nein, er saß nicht, er schlich leise und sacht und hielt einen Schilfhalm in der Hand, so einen mit einem Fähnchen oben dran.
Vor ihm schaute was aus der Erde, pechschwarz und spitz: das vordere Ende des Maulwurfs. Der hatte stundenlang in der Erde gewühlt und sich's redlich verdient, daß ihm die Sonne ein paar Minuten auf die Nase schien.

Was der kleine Osterhasenjunge mit seinem Halm vorhatte, ist leicht zu erraten. Aber so was ist gar nicht so leicht auszuführen, wie du wohl denkst. Da kannst du jeden fragen, der schon mal versucht hat, einen Maulwurf, der aus dem Loch schaute, mit einem Halm an der Nase zu kitzeln. So ein Maulwurf ist mißtrauisch, und wenn er auch schlecht sieht, so hört und spürt er doch alles.
Doch was manchem andern nicht gelang, dem kleinen Osterhasenjungen, diesem Schlingel, ist es geglückt. Der Maulwurf nieste — hatschi! —, daß es schmetterte. Dann donnerwetterte er und zog sich in sein Loch zurück.
Da ging eben das Ostereier-Anmalen los, und der kleine Osterhasenjunge rannte zu den andern.
Erst mußte er sich mit einem Bruder um den märzhimmelblauen Pinsel streiten. Aber dann bekam er ihn. Und nun bemalte er mit Feuereifer das erste Osterei seines Lebens. An den schwarzen Brummbär in der Erde, den er geärgert hatte, dachte er längst nicht mehr.
Der kleine Osterhasenjunge mußte lange pinseln, aber als er fertig war, staunten alle, wie schön gleichmäßig er das Ei bemalt hatte. Nein, das hätten sie nicht gedacht!
Da war er stolz, der kleine Osterhasenjunge. Er legte das märzhimmelblaue Ei vorsichtig neben sich ins Gras. Dann nahm er den schlüsselblumengelben Pinsel, um noch ein zweites Ei zu bemalen.
Die Osterhasenmutter wollte ihm eben ein neues Ei reichen, da begann der kleine Osterhasenjunge vor ihr plötzlich ganz merkwürdig in die Höhe zu steigen, dann kollerte er vornüber, den Pinsel in der Hand. Dort, wo er gesessen hatte, war ein Maulwurfshaufen aus der Erde gewachsen. Der Maulwurf im Boden hatte gehört, wo der

kleine Hasenjunge über ihm sprach, und genau dort hatte er den Erdhaufen hochgeschoben.

Erst schauten alle verdutzt, und der kleine Osterhasenjunge auch, aber dann fingen alle laut an zu lachen, und der kleine Ostenhasenjunge auch. Doch plötzlich zeigte einer auf das märzhimmelblaue Ei im Gras. Da wurden alle still, und der kleine Osterhasenjunge begann entsetzlich zu schluchzen. Das märzhimmelblaue Ei hatte einen schlüsselblumengelben Tupfen bekommen.

Der kleine Osterhasenjunge hatte wohl beim Umpurzeln mit dem Pinsel, den er in der Hand hielt, daran gestreift. Ja, so mußte es gewesen sein.

»So etwas können wir nicht abliefern«, klagte die Mutter. »Nun fehlt uns morgen ein Ei! O weh!«

Aber der Vater, was tat er? Er hielt das märzhimmelblaue Ei mit zwei Zehen vor sich und betrachtete es. Dann nahm er den schlüsselblumengelben Pinsel und machte aus dem schlüsselblumengelben Tupfen ein schlüsselblumengelbes Blümchen. Und solche Blumen malte er rings um das ganze Ei.

»Na, was meint ihr nun?« fragte der Osterhasenvater.

»Hübsch«, meinte die Osterhasenmutter. »Aber was werden die Kinder sagen?«

»Oh, denen gefällt es bestimmt!« meinte der Osterhasenvater zuversichtlich.

»Sie werden enttäuscht sein. Sie erwarten einfarbige Eier, und sonst nichts!«

»Wir werden ja sehen.«

Am anderen Morgen schlüpften die großen und kleinen Osterhasen durch die Hecke in den Garten und verteilten die Ostereier auf die

drei Moosnester, die von den drei Kindern hergerichtet worden waren.
Dann schlüpften sie durch die Hecke zurück. Doch sie liefen nicht heim in den Wald, sondern blieben hinter der Hecke sitzen und warteten mit klopfendem Herzen.
Nicht lange, dann stürzten die drei Kinder aus dem Haus. Sie rannten schnurstracks auf die drei Nester zu. War das ein Jubel, als sie Ostereier in ihren Nestern fanden! Doch was war das erst für ein Staunen, als eines der Kinder in seinem Nest das märzhimmelblaue Ei mit den schlüsselblumengelben Blumen entdeckte! Das Kind, dem das Ei gehörte, rief: »Osterhase, hunderttausend Dank!« Und die beiden andern stellten sich hin und riefen: »Liebster Osterhase, bringe uns auch so hübsch verzierte Ostereier!«
Sie schrien so laut, daß man es bis hinter sieben Waldecken hörte. So laut hätte sie nicht zu rufen brauchen, denn die ganze Osterhasenfamilie saß ja mit gespitzten Ohren gleich hinter der Hecke. Aber das konnten die Kinder nicht wissen.
Ja, so kam es, daß die Osterhasen anfingen, die Ostereier zu verzieren.
Und so ist es heute noch. Vor Ostern sitzen in allen Stuben die Osterhasen, was sage ich, die Kinder und verzieren Ostereier.
Sie malen auf die Eier die hübschesten Dinge, Hasen und Palmkätzchen, Ranken und Ringe.
Ostereiermuster gibt es schon, ach, so ungefähr eine Million. Aber jedes Kind erfindet neue. Die malt es auf die Eier, die bunten.
Und was malt unsere Elisabeth? Eine Sonne oben und unten.

Geburtstagsbrief

Als ich ging, da fand ich was.
Ei der Daus, von wem ist das?
Dieses lila Federchen?
So was hat nicht jederchen!

Was, zum Beispiel, was hast du?
Heut Geburtstag, und dazu
wünsch' ich dir, das weißt du doch.
recht viel Gutes, noch und noch.

Zum Geburtstag

Es klopft bei dir an deiner Tür,
es klopft bei dir, poch, poch.
Drum rufe laut: »Herein, tritt ein!«
Wer kommt da? Du sprichst: »Och,
wie ist der klein!« Der kleine Mann
mit seiner großen Tute,
er bläst für dich das schöne Lied:
»Ich wünsch' dir alles Gute!«

Das Haus der Tiere

Das Haus der Tiere

An der Ecke vom Speckplatz zur Hafnergasse steht ein lila Haus. In diesem lila Haus wohnen lauter Tiere.
Im Erdgeschoß wohnt Frau Maus, im ersten Stock wohnt Major Hund, im zweiten Stock wohnt Fräulein Kalb, und in der Mansarde unter dem Dach wohnt Herr Gaul.
Einmal in der Frühe kamen wir vorbei und riefen: »Guten Morgen, wie habt ihr geschlafen?«
Da ging das Fenster im Erdgeschoß auf, und Frau Maus piepste: »Kein Auge habe ich zugemacht. Die ganze Nacht hat Major Hund über mir gejault.«
Da ging das Fenster im ersten Stock auf, und Major Hund bellte: »Was soll ich nicht jaulen, wenn auf meiner Zimmerdecke Fräulein Kalb über Tisch und Stühle springt.«
Da ging das Fenster im zweiten Stock auf, und Fräulein Kalb blökte: »Ich habe mir nur die Zeit vertrieben, weil über mir Herr Gaul mit seinen Hufen so trampelte, daß ich nicht schlafen konnte.«
Und da ging das Mansardenfenster auf, und Herr Gaul wieherte herab: »So, so. Das muß ich wohl im Traum gemacht haben!«

Der Riese Mausbiskauz

Wenn zwei zusammenhalten, bringen sie viel zuwege. Mehr als man denkt. Das hat ein Drache erfahren, damals vor tausend Jahren.
Zu jener Zeit lebten noch Bär, Luchs und Wolf, Wildschwein und Hirsch in dem großen Buchenwald draußen hinter Dagobertshausen.

Dazu hundert andere Tiere. Und auch das eine mit den langen Ohren und dem kleinen Schwänzlein, du kennst es schon.
Eines Tages machte sich das Häslein auf, um über den Eichberg zum Erlengrund zu hoppeln, denn dort wohnte sein Bäslein mit dem hübschen Näslein. Aber nicht lange, dann kam es zurück. Was sage ich, eine Kugel kollerte in sausender Fahrt den Eichberg herab, und als sie unten in den Farnen zum Stehen kam, da war es der Hase.
Der Eber, der in der Nähe stand, fing an zu lachen: »Ho, ho, ho!« Er lachte, daß seine borstige Schwarte wackelte: »Ho, ho, ho! Unser Angsthase! Hat ein Heupferd gehustet? Ho, ho, ho, ho, ho!«
Aber es hatte kein Heupferd gehustet. Die vielen Tiere, die das Gelächter des Ebers herbeigelockt hatte, wurden sehr nachdenklich, als der Hase zu erzählen begann.
»Der Drache!« keuchte er. »Der Drache! Drüben im Erlengrund wütet der Drache! Er frißt jeden, den er erblickt! In wenigen Stunden wird er bei uns sein!«
»Der Drache, der Drache!« flüsterten hundert erschrockene Stimmen.
Doch der Hirsch hob sein Haupt und fuchtelte drohend mit seinem vielzackigen Geweih durch die Luft: »Soll er kommen! Ich bin begierig, seine Bekanntschaft zu machen!«
Und der Bär richtete sich zu seiner ganzen Größe auf und erklärte mit dröhnender Stimme: »Ich werde ihm zum Gruß meine Hand aufs Haupt legen!« Und um zu zeigen, wie er sich das dachte, ließ er seine Pranke niedersausen, daß der Wolf, der neben ihm stand, erschrocken zur Seite sprang.
Aber dann wurde er sehr still, der Bär. Denn der Hase berichtete: »Ich habe deinen Vetter, den Bären vom Erlengrund, gesehen. Er

scheint von auswärts gekommen zu sein. Wie er so dahintappte, kam er vor eine Höhle und ging hinein. Er brauchte sich nicht einmal zu bücken, so groß war der Eingang. Doch kaum war er drin, da schloß sich die Höhle. Es war der Rachen des Drachen gewesen.«
Alle versammelten Tiere schauten auf den Bären und auf den Hirsch.
Der Bär zeigte plötzlich kein Verlangen mehr, den Drachen zu begrüßen.
»Ach«, stieß er hervor. »Nun habe ich tatsächlich vergessen, daß mein anderer Vetter, der hinter den sieben Bächen, Geburtstag hat. Ich muß gehen, sonst essen sie alle Honigwaben alleine.«
Der Bär machte sich davon. Erst ging er langsam, aber dann, als er dachte, daß man ihn nicht mehr sehen könne, begann er plötzlich zu rennen.
Da fiel auch dem Hirsch ein, daß er heute einen dringenden Besuch bei einem fernen Verwandten zu machen hatte.
Als die anderen Tiere sahen, daß Bär und Hirsch den Drachen nicht zu erwarten wagten, gab es kein Halten mehr. Alles stürzte in wilder Flucht davon.
Das Trippeln und Trappeln, das Springen und Rennen der vielen hundert Füße hörte sich an wie Hagel, der sich weiter und weiter in die Ferne verzieht. Schließlich war alles still.
Stille, Totenstille war eingekehrt im Buchenwald. Nicht einmal das Piepen eines Vögleins war mehr zu vernehmen. Denn die Furcht vor dem Ungeheuer hatte sogar die Vögel angesteckt, auch sie waren geflohen. Nur ein Mäuslein kam aus seinem Loch und spielte auf dem Waldboden.

Das Mäuslein hatte die Versammlung der Tiere mitangehört. Doch es hatte beschlossen zu bleiben. Mit seinen kleinen Beinen konnte es keine weite Reise machen. Wenn der Drache kam, wollte es sich in sein Loch verstecken.
Es wurde Abend. Die Dämmerung breitete sich aus.
Da fühlte sich die Maus plötzlich gepackt. Erschrocken schaute sie auf. Der Kauz hatte sie in seinen Krallen.
»Du bist da?« stieß die Maus entsetzt hervor.
»Warum soll ich nicht da sein?« knurrte der Kauz.
»Alle andern sind fort. Weißt du es nicht?«
»Nichts weiß ich«, sagte der Kauz, der seit dem Morgen auf einem Baum geschlafen hatte.
»Alle andern sind geflohen«, rief die Maus. »Nur wir beide sind noch übrig. Wir müssen zusammenhalten.«
»Gut«, sagte der Kauz und ließ die Maus frei. »Aber nun sprich, was ist geschehen?« Die Maus erzählte von dem Drachen, der jeden Augenblick erscheinen könne.
Da nahte auch schon, vom Eichberg herab, ein unheimliches Ächzen und Schleifen, ein Rauschen von Zweigen und ein Brechen von Büschen. Der Drache schob sich heran.
Die Maus huschte in ihr Loch, der Kauz flog auf den Wipfel eines Baumes.
Es war inzwischen dunkel geworden. Der Drache, der nichts mehr sah, legte sich nieder und schlief ein.
Das kecke Mäuslein hielt es nicht lange in seinem Loche aus. Es kam vorsichtig hervor. Da sah es ganz in der Nähe etwas, was es in der Dunkelheit als ein Ohr des Drachen erkannte. Die Maus biß herzhaft hinein, dann flüchtete sie wieder in ihr Loch.

Der Drache schreckte aus seinem Schlafe auf und fauchte wild: »Wer war das?«
Im nächsten Augenblick erstarrte er zu Stein, denn hoch über ihm erscholl eine Stimme: »Ich! Ich, der Riese Mausbiskauz! Ich habe dein Ohr probiert. Du kommst mir gerade recht. Morgen werde ich dich schlachten.«
Die Stimme gehörte dem Kauz. Seine Augen durchdrangen die Finsternis; er hatte die Maus am Ohr des Drachen gesehen.
Der Drache aber glaubte, ein Riese von ungeheurer Größe stehe im Dunkeln vor ihm. Er begann, um sein Leben zu laufen. Mit fürchterlichem Getöse, da und dort an Bäume oder Felsen stoßend, floh er durch die Nacht davon.
Ist er in eine Schlucht gestürzt? Ist er in einen See gefallen? Man hat nie mehr etwas von ihm gehört.

Verblühter Löwenzahn

Wunderbar
stand er da im Silberhaar.

Aber eine Dame,
Annette war ihr Name,
machte ihre Backen dick,
machte ihre Lippen spitz,
blies einmal, blies mit Macht,
blies ihm fort die ganze Pracht.

Und er blieb am Platze
zurück mit einer Glatze.

Die große Wut

Eine Ameise ärgerte sich über eine Eiche. Sooft sie eine Tannennadel nach Hause schleppte, stand ihr die Eiche im Weg. Jedesmal mußte sie um die Eiche herumgehen. Sie war es leid! Sie hatte es satt! Sie platzte fast vor Wut (du weißt gut, wie das tut).
Die Ameise rief: »Geh weg!«
Aber die Eiche, die dicke, alte, blieb stehen, wo sie seit hundert Jahren stand. Sie rückte nicht auf die Seite, nicht einen Zentimeter.
»Ich gebe dir vierundzwanzig Stunden Zeit!« rief die Ameise. »Morgen um die gleiche Zeit komme ich wieder. Und stehst du immer noch da, dann — nimm dich in acht! — werfe ich dich um, daß es kracht!«
Morgen um diese Zeit wollen wir gehen und sehen, wie sie es macht.

Das Bärenarzneibuch

Der kleine Bär machte einen kleinen Spaziergang, früh am Morgen. Die Vögel sangen. An allen Zweigen blinkte und blitzte der Tau. Alles war fröhlich. Der kleine Bär war es auch. Als der kleine Bär müde wurde, setzte er sich auf einen kleinen, runden Hügel, der war weich wie ein Kissen.
Aber gleich sprang der kleine Bär wieder auf, ganz entsetzt. Er hatte sich auf einen Ameisenhaufen gesetzt. Der kleine Bär ging weiter und war nur noch halb so froh.
Er ging, bis ihn der Rücken juckte. Dann blieb er stehen und rieb seinen Buckel an einem Baum.

Da rief von oben jemand: »He du!«
Auf dem Baum saß ein Eichhörnchen. Das schrie herab: »Läßt du's gleich bleiben, deinen Buckel an meinem Baum zu reiben!«
Der kleine Bär rief hinauf: »Warum? Davon fällt dein Baum noch lange nicht um!«
Aber das Eichhörnchen rief: »Marsch, fort, du Tropf! Sonst werf' ich dir Tannenzapfen auf deinen dicken Kopf!«
Da ging der kleine Bär zu einem anderen Baum und rieb sich dort seinen Buckel. Aber jetzt machte ihm das Buckelreiben keinen Spaß mehr.
Nichts auf der Welt machte dem kleinen Bären noch Spaß. Er ging nach Hause und ließ den Kopf hängen.
Als der kleine Bär so traurig nach Hause kam, fragte ihn der große Bär nach seinem Kummer.
Der kleine Bär erzählte, was ihm zugestoßen war.

Der große Bär sagte: »Das ist vorbei und vorüber, denk nicht mehr daran! Der Tag hat noch viele schöne Stunden.«
Aber der kleine Bär ließ noch immer seinen Kopf hängen. Der war vor Ärger zentnerschwer.
Da sagte der große Bär: »Jetzt gib acht!«
Und er holte das dicke Arzneibuch herbei. Das hatte ein berühmter Bärendoktor vor hundert Jahren verfaßt. Hatte er auch ein Mittel gegen Kopfhängen aufgeschrieben? Aber ja. Da stand es genau:
MAN SCHLAGE SIEBEN PURZELBÄUME!
Der kleine Bär schlug sieben Purzelbäume im Moos.
Da war er seinen Ärger los.

Unter den Fichten

Ein Hirsch und ein Hase gingen durch den Wald.
»Unter den Fichten ist gut dichten«, sagte der Hirsch.
»Hast du heute schon ein Gedicht gemacht?« fragte der Hase.
»Habe ich«, sagte der Hirsch. »Paß auf:

> Gott, der mich schuf, hat mich gestellt
> in diese Waldeswunderwelt.
> Er läßt mich friedlich wandern weit
> durch lauter grüne Herrlichkeit.

Gefällt es dir?«
»Ich finde es großartig. Am besten gefällt mir das mit Waldeswunderwelt.«

»Man kann es auch singen«, sagte der Hirsch. Und er fing gleich an, die Melodie zu brummen.
Doch mitten im Gebrumm wurde er stumm. Denn an der Lichtung saß einer auf dem Jägerstand, der hatte was in der Hand.
Da sprachen sie nicht mehr von Dichtung. Da kehrten sie um.
Sie gingen unter die Fichten. Und sagten einander auf Wiedersehn.
Und wenn sie einander wieder sehn, wird der Hase sagen, was *er* gedichtet hat.

Papperlapapp

Ein Frosch wanderte von einem Weiher zum andern. Er war vergnügt und machte große Sprünge.
Aber da kam ein Wiesel, das Unsinn im Kopf hatte, und rief: »He du, laß mich aufsitzen!«
Der Frosch entgegnete: »Du hast selber vier Beine!«
Doch das Wiesel sprach:
    »Ich bin zu müde, ich bin zu faul.
    Du mußt mich tragen, du bist mein Gaul!«
Und der kleine Frosch mußte das große Wiesel tragen.
Ein Fuchs sah die beiden. Er hätte zu dem Wiesel sagen sollen: »Steig ab, laß den armen Frosch in Ruhe!« Tat er das? Nein! Statt dessen setzte er sich dem Wiesel auf den Rücken. Nun mußte der arme, kleine Frosch auch ihn noch tragen.
Und es kam noch schlimmer. Ein Bär sah, wie der Frosch sich plagte. »Oh, Gelegenheit zum Reiten!« rief er.
»Ich kann dich nicht auch noch schleppen!« klagte der Frosch.

»Kannst du die beiden tragen, kannst du auch mich noch tragen«, sagte der Bär und setzte sich auf den Fuchs.

Ein jeder, der die drei auf dem Frosch sitzen sah, schüttelte den Kopf und rief: »Das ist nicht recht!«

Der Frosch, er ächzte: »Ihr seid mir zu schwer!«

Der Frosch, er stöhnte: »Ich kann nicht mehr!«

Aber sooft der arme, kleine Frosch jammerte und die drei abzusteigen bat, riefen sie nur: »Papperlapapp!« Nein, sie hatten kein Erbarmen, sie stiegen nicht ab, der arme, kleine Frosch mußte sie tragen. Und das wurde ihm sauer, das darfst du mir glauben.

Erst, als sie an den Rand des Weihers kamen, riefen die drei: »Halt!«

Aber jetzt sagte der Frosch: »Papperlapapp!« Und sprang mit seinen drei Reitern ins Wasser.

Er war im Wasser, er hatte sie los. Bei den andern war der Schrecken groß. Sie schluckten Wasser, sie spuckten Wasser. Sie zappelten um ihr Leben.

Sie kamen mit knapper Not heraus.

Und trotteten tropfnaß nach Haus.

Wie vierzehn Tage Regenwetter, so schauten sie drein.

Haben wir Mitleid mit ihnen? Nein!

Warum die Biene hinten spitzig ist

Es gab eine Zeit, da war die Biene noch sanft wie ein Lamm. Das war damals, als das Walroß noch schlank war wie eine Gazelle.
Für beide, die Biene und das Walroß, wäre Platz genug auf der herrlichen, weiten Wiese gewesen. Aber die Biene war nicht nur sanft, sondern auch beschäftigt. Wenn einer für zwanzig Kinder Futter herbeischaffen muß, dann hat er zu tun. Und das Walroß war nicht nur schlank, sondern auch zu dummen Späßen aufgelegt. Und da es keine zwanzig Kinder zu versorgen hatte, konnte es sich ganz seiner Lieblingsbeschäftigung widmen, die darin bestand, die Biene zu ärgern. So braucht sich niemand zu wundern, daß es kam, wie es kam.
Die Kinder, die Kinder! Mit diesem Gedanken hastete die Biene von Blume zu Blume. Ehe sie ihren Kopf in eine Blüte steckte, spähte sie noch geschwind nach dem Walroß. Das stand irgendwo in der Gegend und guckte zu den Wolken hinauf. Schnell schlüpfte die Biene in die Blüte. Als sie gleich darauf weiter wollte, war, wie aus dem Boden gewachsen, das Walroß da und hielt sie bei einem Flügel fest. Die Biene zappelte und mußte beim Zappeln noch achtgeben, daß sie nicht zu sehr zappelte, damit ihr der Flügel nicht abbrach.
Sie flehte. Sie weinte. Sie war verzweifelt. So verzweifelt kann nur jemand sein, der von einem Tagedieb festgehalten wird, während zu Hause zwanzig hungrige Kinder warten.
So ging das Tag für Tag.
Wieder einmal hatte das Walroß die kleine Biene gepackt und lange unter höhnischem Gelächter festgehalten. Endlich kam sie los. Mit

letzter Kraft flog sie zu einem Schlehdorn am Wiesenrain und ließ sich auf einen Zweig fallen. »Ich bin am Ende!« stöhnte sie. »Ich bin am Ende!«

»Das kann ich verstehen«, sagte der Schlehdorn. »Der Unhold treibt ein böses Spiel mit dir. Ich habe es oft genug beobachtet.«

»Ich gehe zugrunde!« klagte die Biene. »Was soll aus meinen armen Kindern werden?«

»Du mußt dich wehren«, flüsterte der Schlehdorn eindringlich. »Dich wehren!«

»Ich—mich wehren?« weinte die Biene. »Wie soll ich mich wehren! Ich winziges Ding gegen den da mit seinen Riesenkräften? Nun machst du dich auch noch lustig über mich!« Und sie schluchzte zum Steinerweichen.

»Doch«, sagte der Schlehdorn. »Du kannst dich wehren. Höre zu! Ich schenk' dir einen Dorn. Meinen schärfsten Dorn schenk' ich dir. Jawohl. So bin ich. Da siehst du, daß ich es gut mit dir meine. Diesen Dorn trägst du von nun an immer mit dir. Und wenn der Taugenichts wieder kommt, um dich zu quälen, dann stichst du ihn. Und zwar tüchtig!«

»Ich — stechen?« fragte die Biene zaghaft. Sie hatte noch nie im Leben irgend jemand irgend etwas zuleide getan.

»Natürlich! Rücksicht ist da nicht mehr am Platze! Du machst das sonst nicht mehr lange mit, das sieht man dir an. Denk an deine Kinder! — Da, hier ist der Stachel! Und nun: Viel Erfolg!«

Die Biene bedankte sich und flog weiter ihrer Arbeit nach. Den Stachel trug sie unterm Arm.

Sie war erst bei der sechsten Blüte angelangt, da war der Quälgeist schon wieder hinter ihr. Doch diesmal hielt er sie nur einen winzigen

Augenblick fest. Die Biene hatte sich blitzschnell umgedreht und ihn aus Leibeskräften in die Nase gestochen.
Die Biene flog weiter.
Das Walroß stand da, wie vom Donner gerührt. Die Nase brannte wie Feuer. Langsam setzte sich das Tier in Bewegung, wimmernd trollte es sich davon.
Die Nase schwoll an. Der Kopf schwoll an. Das ganze Walroß schwoll an. Es konnte kaum mehr aus den Augen sehen. Es konnte kaum mehr gehen.
Als das Walroß an den Waldrand kam, stand dort das Reh. Das Walroß konnte es mit Mühe erkennen. So schlank wie dieses Geschöpf war es selbst noch vor kurzem gewesen.
»Bbobbubbobba«, sagte das Walroß, das kaum mehr den Mund aufbrachte. Das sollte sicher etwas sehr Trauriges heißen.

»Da hilft nur eins«, sagte das Reh, »feuchte Umschläge.«
Das Walroß ging und machte feuchte Umschläge. Ohne großen Erfolg. Schließlich humpelte es zum Meer und legte sich ins Wasser. Dort liegt es noch heute. Mehr kann man nicht für seine Gesundheit tun, wenn einem feuchte Umschläge verordnet sind.
Die Biene aber, der es beschwerlich war, den Stachel beständig unterm Arm zu tragen, befestigte diesen an ihrem hinteren Ende. Dort hindert er sie nicht bei der Arbeit, und sie hat ihn doch immer bereit, wenn jemand erscheint, von dem sie denkt, das sei wieder so eine Art Walroß.

Der Hans, der Hahn und das Huhn

Der Hans, der lachte:
»Was ist dies?
O Hahn, schau hin,
ein Huhn frißt Kies!

O Hahn, du Herr
im Hühnerhof,
geh hin und sprich:
Du Huhn bist doof!«

»O Hans, du Knabe
schrecklich klug,
du weißt noch lange
nicht genug!

Die kleinen Steine,
laß dir sagen,
gehören in den
Hühnermagen.

Dort pressen, quetschen,
mahlen sie
die harten Körner.
Kikeriki!«

Wie das Känguruh zustande kam

Wer da meint, daß Ziegen nur Blätter von den Büschen zupfen und Gras von der Erde rupfen, und denkt, daß sie sonst kein Wässerchen trüben, für den ist die Geschichte umsonst geschrieben. Der kann sich das mit der Schürze nicht vorstellen und glaubt am Ende die ganze Geschichte nicht.
Die Ziege war an allem schuld. Aber sie hat nie erfahren, was sie angerichtet hat. Die Ziege, von der ich rede, wollte ein Bärtlein haben. Damit hat alles angefangen.
So sind sie nämlich, die Ziegen: Sie verfallen auf die ausgefallensten Dinge. Und wenn sie sich etwas in den Kopf gesetzt haben, ruhen sie nicht, bis sie ihren Willen durchgesetzt haben. Das weiß jeder, der eine Ziege in seiner Bekanntschaft hat. Die Ziege wollte also ein Bärtlein haben. Ein hübsches Bärtlein unterm Kinn.
Damit konnte sie nicht zum Friseur gehen. Der hätte ihr allenfalls ein Bärtlein abschneiden können, wenn sie eins gehabt hätte. Aber sie hatte keins, sie wollte eins. Für solche Wünsche war der Zauberer zuständig. Die Ziege stieg also auf den Hügel hinauf, auf dem der Zauberer sein Haus hatte.
Die Frau des Zauberers war eben vor dem Haus damit beschäftigt, eine Schürze und andere Wäschestücke zum Trocknen aufzuhängen. »Kundschaft!« rief sie ins Haus, ohne sich in ihrer Beschäftigung stören zu lassen.
Der Zauberer erschien und führte die Ziege ins Zimmer. Er hörte sich ihren Wunsch an, und obwohl er wußte, daß die Ziege schlecht bei Kasse war und nicht bezahlen konnte, schlug er doch sein großes Zauberbuch auf. Er war nämlich ein gutmütiger Mann, und wenn

wir ihn schön gebeten hätten, hätte er sogar uns etwas gezaubert. Dabei ist es gar nicht so leicht, das Zaubern. Man muß sich nämlich höllisch zusammennehmen, sonst geht da leicht etwas daneben. Kurz und gut, nach einer halben Stunde hatte die Ziege ihr Bärtlein unterm Kinn, ganz wie sie es sich gewünscht hatte. Sie bedankte sich und ging.
Fünf Minuten danach rief die Frau des Zauberers zum zweiten Mal: »Kundschaft!« Sie hatte zufällig aus dem Fenster geschaut und einen Herrn den Hügel heraufkommen sehen.
Sie wollte sich schon vom Fenster abwenden, da riß sie plötzlich die Augen auf. »Meine Schürze!« rief sie entsetzt. »Meine Schürze ist weg!«
Sie stürzte aus dem Haus. Ihr Mann folgte ihr. Die Schürze hing nicht mehr an der Leine. Der Wind konnte sie nicht entführt haben. Es ging kein Wind.
»Das kann niemand anders als diese Person gewesen sein!« rief die Frau empört.
»Welche — Person?« fragte ihr Mann, der Zauberer, so gedehnt und so ahnungslos wie möglich. Er haßte Aufregungen. In seinem Beruf konnten sie unvorhergesehene Folgen haben.
»Da fragst du noch?« schrillte seine Frau. »Diese Ziege natürlich! Der sieht man die Genäschigkeit ja förmlich an. Aber anderer Leute Schürzen fressen, nein, das ist doch die Höhe!«
»Ich bitte dich . . .« flehte ihr Mann.
»Hat sie überhaupt bezahlt?« unterbrach ihn seine Frau. »Nein? So ist's recht! Nichts bezahlen, und dann noch meine beste Schürze fressen! Unglaublich!«
»Ich verspreche dir . . .« begann ihr Mann.

»Diese Ziege, wenn ich sie hier hätte! Meinen Teppichklopfer würde ich nehmen! Grün und blau würde ich sie schlagen! Meine Schürze zu fressen! Meine beste Schürze!«
Die Frau des Zauberers war schließlich so außer Atem gekommen, daß ihr Mann sagen konnte: »Ich bitte dich, sei ruhig, ich verspreche dir, eine neue Schürze zu zaubern, so schön wie die alte.«
Inzwischen war der Kunde herangekommen. Es war Herr Gerntreff, ein Jäger, der immer gern getroffen hätte, aber stets daneben schoß. Er hatte schon einige Male bei dem Zauberer arbeiten lassen.
Ja, die Ziege war ihm den Hügel herab entgegengekommen, mit vollen Backen kauend, ein Schürzenzipfel hing ihr aus dem Maul...
Während die Frau des Zauberers weiter auf die genäschige Ziege schimpfte und in der Küche verschwand, führte ihr Mann den neuen Kunden ins Zimmer.
Herr Gerntreff benötigte dringend einen Hasen, koste er, was er wolle. Die Silberne Hochzeit stand bevor, und er hatte seiner Frau fest versprochen, einen Hasen zu schießen. Da hatte er nun sein möglichstes getan, stundenlang war er durch Wald und Flur gepirscht und hatte auf jeden Hasen geschossen, der sich blicken ließ. Aber diese Hasen waren alle fröhlich weitergehoppelt, als hätte der Schuß nicht ihnen gegolten. Jetzt konnte nur noch der Zauberer helfen. Sonst gab es zur Silbernen Hochzeit das gewöhnliche Sonntagsessen, Knödel mit Kraut.
Der Zauberer schlug das Kapitel auf, in dem das Zaubern von Hasen, Rehen und dergleichen beschrieben war.
Er hatte noch nicht lange gezaubert, als die Tür aufging und seine Frau hereinrief: »Du hast doch hoffentlich eine Anweisung für Schürzen!«

»Selbstverständlich!« rief der Zauberer. Er blätterte trotzdem hastig in seinem Buch.
»Hier steht's. Du kriegst deine Schürze. Aber laß mich jetzt bitte in Ruhe arbeiten!«
Der Zauberer seufzte tief. Dann fuhr er in seiner Arbeit fort. Bald ging die Tür wieder auf: »Aber ich möchte meine Schürze heute noch!«
»Du bringst mich noch so durcheinander, daß ich keinen Zahnstocher mehr zuwege bringe«, klagte der Zauberer. »Erst muß ich das hier erledigen. Störe mich jetzt bitte, bitte nicht mehr!«
Doch noch ein drittes Mal öffnete sich die Tür: »Übrigens, diese Schürze war ein Andenken an meine Tante! Ein unersetzliches Andenken, jawohl! Und diese Ziege geht her und frißt sie einfach auf!« Bums, die Tür war zu.
»Herr Gerntreff«, klagte der Zauberer, »ich kann für nichts garantieren.« Er wischte sich ein ums andere Mal den Schweiß von der Stirn. Er hatte schon viel größere Dinge gezaubert, aber so wie bei diesem Hasen hatte er sich noch nie anstrengen müssen.
Was am Ende herauskam, erinnerte allerdings nur zum Teil an einen Hasen. Anderes ließ an ein Reh denken. Auch von der Schürze hatte das Tier einiges mitbekommen, denn vor dem Bauch hatte es so etwas wie eine Schürze, die sich die Hausfrau hochgesteckt hat, um sie als Beutel für Wäscheklammern zu benutzen.
»Ich habe mein möglichstes getan«, sagte der Zauberer bedauernd. »Wollen Sie es nehmen?«
Herr Gerntreff betrachtete das Gesicht des Tieres und schüttelte verwirrt den Kopf. »Ich würde es Ihnen ja gerne abkaufen«, sagte er, »aber nein, ich bringe es nicht über mich, es zu schlachten. Es erinnert mich so an eine Tante. Nun gibt es doch Knödel mit Kraut.«

Was sollte der Zauberer mit dem Tier? Er ließ es laufen, oder besser gesagt, hüpfen. Denn die Beine, ja, die hatte es wenigstens vom Hasen. Vielleicht begegnet es dir einmal. Es ist leicht zu erkennen. Du weißt ja: Es hat einen Beutel vor dem Bauch und erinnert an einen Hasen, ein Reh, eine Tante und noch allerlei: Känguruh sagt man dazu.

Schattenspiel

Am Abend geistern Schatten
noch lustig an der Wand.
Da spielen wir Theater
mit nichts als unsrer Hand.

Wer zeigt sich überm Bette,
welche Untier groß und grau?
Das ist der Wolf, der böse,
den kennt man ganz genau!

Sein Hunger ist gewaltig,
sein Rachen fürchterlich:
Du Ziegenbock da drüben,
gib acht, gleich frißt er dich!

Der Gockelhahn, der stolze,
macht seine Sache gut.
Wer kommt ihm da entgegen?
Sieh an, ein Herr mit Hut!

Was tut die brave Ente
in unserm Schattenspiel?
Mit ihrem Schnabel schnappt sie
keck nach dem Krokodil!

Am Schluß gibt's was zu lachen:
Ein Has, der Männchen macht!
Er winkt mit seiner Pfote:
Für heute gute Nacht!

Amalia und Eulalia

Die Schnecke Amalia und die Schnecke Eulalia wohnten tausend Meter voneinander. Tausend Meter weit, das ist für Schnecken schon fast wie in einem anderen Land. Aber alle Feiertage besuchten sich die beiden Schnecken doch.
Als Amalia an Ostern zu Eulalia kam, sagte sie: »Ich weiß eine Geschichte. Paß auf! Es war einmal ein...«
»Ach!« rief Eulalia. Sie gehörte nämlich zu denen, die den Mund nicht halten können.
»Nein, kein Bach«, sagte Amalia. »Es war einmal ein...«
»Hu!« rief Eulalia.
»Nein, keine Kuh«, sagte Amalia. »Es war einmal ein...«
»Oh!« rief Eulalia.
»Nein, kein Floh«, sagte Amalia. »Es war einmal ein...«
»Ei!« rief Eulalia.
»Nein, keine zwei«, sagte Amalia. »Es war einmal ein...«
»Ah!« rief Eulalia.
»Nein, kein... kein...« sagte Amalia. »Ach du liebes Salatblatt! Jetzt weiß ich nicht mehr, was nicht war. Und was war, habe ich auch vergessen. Außerdem ist es Zeit, daß ich ans Heimkriechen denke; der Weg ist weit. Aber wenn uns bis Pfingsten kein Vogel aufgepickt hat, und wenn mir bis dahin die Geschichte wieder eingefallen ist, und wenn du mir dann nicht immer dreinredest, erzähle ich dir die Geschichte bei unserm nächsten Besuch!«

Die Sonnenblume

Meine Sonnenblume seht,
wie sie groß und herrlich steht!
Wie ihr Antlitz auf uns blickt,
schön, daß unser Herz erschrickt.

In die Erde steckte ich
einen Kern, er streckte sich,
wuchs — ich brauchte nichts zu tun.

Mein ist eine Blume nun.
Sie ist schön und sonnengleich.
Sie kann schenken — sie ist reich:
Falter, Bienen speist ihr heller,
honigschwerer Blütenteller.

Und nun sagt, ich wüßt' es gern,
wie aus einem kleinen Kern
eine Blume wachsen kann,
welche dasteht wie ein Mann!

Fritz und Hasso

Mit Hasso, seinem Hunde,
stand Fritz an einem See.
Der Fritz nahm einen Stecken
und warf ihn weit, juchhe!

Der Stecken fiel aufs Wasser.
Doch Hasso war nicht faul.
Er schwamm hinaus und brachte
ihn wieder mit dem Maul.

Und wieder schmiß der Junge
mit Schwung, jedoch, o weh,
jetzt macht es plumps, jetzt fällt er
auch selber in den See.

O Fritz, du kannst nicht schwimmen!
Kaum sieht man noch den Kopf.
Und jetzt sieht man, o Schrecken,
vom Kopf nur noch den Schopf.

Doch Hasso stand am Ufer
und sprach ein dumpfes: »Wuff!
Wo bleibt er denn, der Junge?
Er kommt ja nicht mehr ruff!«

Er sprang zu Fritz ins Wasser,
und eh der ganz verschwand,
ergriff er ihn am Kragen
und schleppte ihn an Land.

Der Fritz kann wieder schnaufen,
der Fritz ist wieder froh.
Fast wäre er ertrunken,
doch besser ist es so.

Und auf der schönen Wiese,
auf der sie sich gesonnt,
sprach Fritz zu seinem Hasso:
»Das hast du gut gekonnt!«

Warum die Schildkröte gepanzert geht

Wenn es den Elefanten nicht gejuckt hätte, auf dem Rücken links hinten, brauchte die Schildkröte keinen Panzer mit sich herumzuschleppen.
Aber den Elefanten, der in Indien spazierenging, juckte es.
Der Elefant blieb stehen und versuchte, sich zu kratzen. Zuerst probierte er es mit dem Rüssel. Der Rüssel reichte fast bis oben links hinten, aber nicht ganz. Dann probierte er sämtliche Beine der Reihe nach durch. Am Schluß war er sich nicht sicher, ob er die Beine nicht durcheinandergebracht und eines zweimal und ein anderes überhaupt nicht drangenommen hatte. Er begann daher noch einmal von vorn. Ohne Erfolg. Einmal wäre er ums Haar umgekippt.

»Alles zwecklos«, sagte der Elefant. »Dieses elende Jucken!« und ging weiter.

Nachdem er eine Weile gegangen war, sah er einen Palmbaum stehen. Eine prächtig gewachsene Kokospalme. Das ist genau das, was ich brauche, dachte der Elefant und schritt erfreut auf die Palme zu.

Nun lag aber rechts jemand neben dem Stamm. Das war die Schildkröte, die damals noch keinen Panzer trug. Sie hatte sich in den Schatten gelegt und schlief.

Der Elefant stand vor dem Baum und überlegte: Wenn ich mich links kratzen will, muß ich rechts an den Baum, aber da liegt wer.

Traurig betrachtete er die schlafende Schildkröte. Sie machte nicht den Eindruck, als ob sie während der nächsten Stunde erwachen würde, wenn man sie nicht weckte. Das aber brachte der Elefant nicht übers Herz. Er schätzte es nicht, im schönsten Schlaf geweckt zu werden, und er weckte auch andere nicht, wenn es nicht brannte.

Der Elefant wanderte langsam an der Schildkröte vorbei und dann weiter um den Baum herum, nur um etwas zu tun. Als er auf der anderen Seite stand, den Kopf in der Richtung, aus der er gekommen war, merkte er plötzlich, daß er sich jetzt auf dem Rücken links hinten kratzen konnte. Darüber war er zunächst sehr erstaunt. Aber dann machte er sich weiter keine Gedanken mehr, sondern begann, seinen Rücken am Stamm der Palme zu reiben.

Nun ist es natürlich etwas anderes, ob sich eine Katze an einem Baum den Buckel reibt, oder ob ein Elefant das gleiche tut. Der Stamm der Kokospalme geriet in Bewegung, und die Krone mit ihren großen Blättern schwang rauschend hin und her.

Die schlafende Schildkröte störte das keineswegs. Im Gegenteil. Sie

machte ein vergnügtes Gesicht, denn als sie im Schlaf das Blätterrauschen hörte, träumte sie etwas Schönes mit Meeresrauschen.
Der Elefant hörte auf, sich zu reiben und schaute auf die andere Seite. Er hatte ein Geräusch gehört. Kein sehr lautes Geräusch, aber einen eigentümlichen Plumps. Aus der Krone des Palmbaumes, die er durch sein Reiben geschüttelt hatte, war eine Kokosnuß gefallen, geradewegs auf die Schildkröte, die jetzt nicht mehr schlief, sondern hellwach war.
»Hat's weh getan?« fragte der Elefant.
»Es geht«, sagte die Schildkröte. In Wirklichkeit hatte es arg weh getan, aber sie war zu höflich, um das zu sagen.
»Es war nicht meine Absicht! Bitte, glaube mir das!« sagte der Elefant und begann weiterzugehen.
Nachdem er ein Stück gegangen war, merkte er, daß er in die falsche Richtung ging, nämlich dorthin, woher er gekommen war. Er machte daher kehrt. Als er wieder an der Schildkröte vorüberkam, sagte er: »Es hat mich nämlich gejuckt, auf dem Rücken links hinten. Entschuldige bitte!«
»Keine Ursache«, sagte die Schildkröte, obwohl sie Ursache genug gehabt hätte, sich zu beklagen. Sie spürte nämlich, daß sie durch die Kokosnuß breiter und niedriger geworden war.
Das passiert mir nicht noch einmal, dachte die Schildkröte. Das erste, was sie tat, war, daß sie sich ein Panzergehäuse anschaffte, in das sie sich zum Schlaf ganz und gar zurückziehen konnte. Dieses trägt sie seither auf Schritt und Tritt mit sich, um es jederzeit bereit zu haben. Denn wer weiß, ob es nicht noch einmal einen Elefanten auf dem Rücken links hinten juckt, während sie unter einer Kokospalme schläft.

Mutzebutz ist klitzeklein

Mutzebutz ist klitzeklein,
Mutzebutz geht querfeldein.

Geht ein Stücklein und hält an
bei dem hübschen Thymian.
Um zu schnuppern: Welch ein Duft!
Plötzlich kommt was aus der Luft.

Au! Wer packt mich da am Kragen?
Schon wird er emporgetragen.
Und den hübschen Thymian
sieht er jetzt von oben an.

Ach, von oben sieht er bald
Bach und Brücke, Dorf und Wald.
Denn die Krähe, die ihn stahl,
trägt ihn über Berg und Tal.

Ihre schwarzen Flügel sausen.
Mutzebutz erfaßt ein Grausen.
Zu der Eiche auf dem Hügel
lenken jetzt die schwarzen Flügel.

Denn am Ziele sind sie jetzt.
Auf der Eiche steht ein Nest.
Dieses Nest gehört der Krähe.

In dem Neste, wehe, wehe,
in dem Nest, gemacht aus Stecken,
Butz, was mußt du da entdecken?

Ach, drin hocken Krähenkinder,
aufgerissen sind die Münder.
Schrecklich schreien alle vier:
»Hunger, Hunger haben wir!«
Satt zu kriegen sind sie schwer.
Mutter bringt den Butz daher:
»Schaut, den habe ich entdeckt.
Da, probiert, ob er euch schmeckt!«

Mutzebutz beginnt zu zittern,
denn jetzt will man ihn verfüttern.
Er will nicht gefressen sein,
nein, o nein, o nein, o nein!
Darum sagt er: »Wer mich frißt,
ist ein Narr, daß ihr es wißt!
Ja, ihr denkt, ich schmecke süß.
Aber hört, ich sag' euch dies:
Lecker sehe ich zwar aus,
doch in Wirklichkeit, o Graus,
bin ich gri-gra-gräßlich sauer.
Wer mich frißt, der wird's bedauern.
Wer mich schluckt, den hört man klagen:
Weh, was zwickt mich da im Magen?
Haust wohl gar, zu meiner Pein,

mir im Bauch ein Stachelschwein? —
So, nun überlegt euch gut,
liebe Leute, was ihr tut!«

»Wenn das so ist, liebe Mutter,
bringe uns ein andres Futter,
denn was andres ist gesünder«,
sagen alle Krähenkinder.
»Doch den kleinen Springinsfeld,
welcher uns sehr gut gefällt,
lasse uns zum Spielen da.
Bitte, bitte, krah, krah, krah!«

In dem Neste ist es enge.
Mutzebutz sitzt im Gedränge.
Und von Tag zu Tag wird's ärger,
weil die Krähen größer werden.
Er macht lustige Grimassen,
daß sie ihn im Neste lassen.
Doch im Herzen ist er traurig,
denn dies Leben, es ist schaurig.
Wohl, er kriegt zu essen was.
Doch was ist das, welch ein Fraß!
Würmer, Schnecken, Engerlinge:
Butz schwärmt nicht für solche Dinge ...

Alle Krähenkinder kriegen
Flügel, um davonzufliegen.

Und sie fliegen fort, hurra,
lassen Butz verlassen da.
Ach, die Wolken streifen fast
an dem Neste auf dem Ast.
Und auf diesem hohen Ort
sitzt der Butz. Er kann nicht fort,
weil er an dem steilen Stamm
nicht hinunterklettern kann.
Ach, vor Gruseln und vor Grauen
wagt er kaum, hinabzuschauen.

Mutzebutz weint fürchterlich:
»Wer ist lieb und rettet mich?«
Aus dem Auge fällt ihm gar
eine Träne, groß und klar.
Diese Träne fällt zuletzt
Georg auf die Nase jetzt.
Georg guckt verdutzt empor,
guckt und guckt und spitzt das Ohr.

Auf dem Baum erklingt Gewimmer.
Horch, dort wimmert's immer schlimmer.
Wenn ein andrer leidet, dann
muß man helfen, wenn man kann.
Wer's auch sei, man muß ihn retten.
Georg fängt schon an zu klettern.
Ja, er wagt es! Er hat Mut.
Und er ist im Turnen gut.

Über viele dicke Äste
klettert er empor zum Neste.
Und jetzt schaut er, wer da weine.
Ach, im Nest steht Butz, der kleine.
Ja, da weint er, ja, da steht er,
und mißt knapp zehn Zentimeter.

Georg nimmt den kleinen Tropf,
setzt ihn sich auf seinen Kopf:
»Halt dich fest an meinem Haar!«
Ja, so geht es wunderbar.

Mit dem Butz steigt Georg wieder
auf die sichre Erde nieder.
»Mutzebutz, kommst du mit heim?«
»Ja, wir wollen Freunde sein!«

Die Sache mit der blutigen Rache

Der Bär war groß. Der Bär war stark. Und einen Prügel hatte er — ich und du vermöchten ihn kaum aufzuheben. Wenn der Bär, der große, starke, in Zorn geriet — und er geriet leicht in Zorn, der Bär, wenn er schlechter Laune war —, nahm er seinen ungeheuren Prügel. Und dann, o weh!
Eines Tages saß der Bär an seinem Tisch und war schlechter Laune. Und wie er so schlechtgelaunt am Tische saß und aß, da geschah

es. Seine Augen wurden starr, sein Fell sträubte sich, aus seiner Kehle drang ein drohendes Knurren. Vor ihm auf dem Tisch saß eine Fliege, die sich an einem herumliegenden Krümel gütlich tat, ganz so, als gehöre er ihr. Ja, das tat sie. Sie wagte es.
Der Bär erhob sich von seinem Sitz. Der Bär bückte sich. Der Bär hob seinen Prügel vom Boden auf. Der Bär holte zum Schlage aus.
Hätte der Bär die Fliege auf dem Tisch erschlagen, hätte sich der Tisch in Kleinholz verwandelt. Doch das hätte ihn nicht abgehalten. Wenn er in Zorn geriet, war ihm alles egal. So einer war er ...
Aber die Fliege saß nicht mehr auf dem Tisch. Sie hatte sich dorthin gesetzt, wo sie sicher war.
Der Bär drehte sich um. Er drehte sich fünfmal um sich selbst. An keiner Wand, in keiner Ecke saß die Fliege.
»Wohin du auch geflogen bist«, brüllte der Bär, »du entgehst meiner Rache nicht!« Er schulterte den Prügel und verließ die Hütte.
Mit gewaltigen Schritten stapfte er den Hügel hinauf. »Rache!« gurgelte es aus seiner rauhen Kehle. »Rache!«
Daß die Fliege, die er suchte, auf seinem Rücken saß, wußte er nicht.
Auf dem Hügel stand ein Bauernhaus. Der Bauer kniete vor dem Schuppen auf der Erde. Er war damit beschäftigt, die Zinken eines Rechens zu reparieren. Plötzlich stand vor ihm der große Bär: »Die Fliege! Finden muß ich sie. Erschlagen muß ich sie. Wo ist sie? Sage es mir, oder ... «
Der Bauer sah über sich in der Luft den gewaltigen Prügel und besann sich schnell. »Hast du ihr diesen Prügel gezeigt?« fragte er.
»Habe ich!« gröhlte der Bär. »Habe ich!«
»War ein Fehler!« sagte der Bauer. »War ein Fehler! Hättest ihr

nur sollen den kleinen Finger zeigen. Wäre dann nur bis zu mir geflohen. Hat diesen Prügel gesehen, ist weiter geflohen, als bis zu mir. Viel weiter.«

Das leuchtete dem Bären ein. Er schulterte knurrend seinen Prügel und schritt den Hügel auf der anderen Seite wieder hinunter. Er mußte die Fliege finden. Mußte Rache an ihr nehmen, blutige Rache.

Unten im Tal war ein breiter Bach. Der Bär schickte sich an, diesen Bach zu durchwaten, um den Berg auf der anderen Seite zu ersteigen.

Während der Bär durchs Wasser schritt, zwickte ihn ein Krebs, der unter einem Stein saß, in den Fuß. Der Bär ließ vor Schmerz den Prügel fallen. Er fischte den Prügel wieder aus dem Bach und ging weiter.

Als der Bär auf der anderen Seite des Baches ans Ufer steigen wollte, tat es hinter dem Berg einen gewaltigen Donnerschlag. Der Bär machte erschrocken kehrt.

Als er in der Mitte des Baches war, zwickte ihn der Krebs wieder in den Fuß. Wieder ließ der Bär den Prügel fallen, wieder hob er ihn aus dem Wasser. Dann stieg er aus dem Bach und ging auf dem Weg, den er gekommen war, zurück zu seiner Hütte.

Der Bär saß in seiner Hütte und stierte auf den Tisch: Auf dem Tisch saß die Fliege und labte sich an einem Krümel.

Der Bär erhob sich. Der Bär schloß Türe und Fenster. Der Bär sah auf den Tisch. Die Fliege saß noch immer dort. Der Bär bückte sich. Der Bär richtete sich auf und hob den ungeheuren Prügel. Die Fliege saß nicht mehr auf dem Tisch.

Die Fliege saß an keiner Wand. Die Fliege saß in keiner Ecke.

Der Bär legte den Prügel wieder auf die Erde. Der Bär setzte sich. Auf dem Tisch saß wieder die Fliege. »Hast du gesehen, daß ich mich unsichtbar machen kann?« fragte die Fliege.
»Hab' ich gesehen, hab' ich gesehen«, sagte der Bär.
»Hast du gespürt, wie dich mein kleiner Bruder im Wasser zweimal in den Fuß gezwickt hat?« fragte die Fliege.
»Hab' ich gespürt, hab' ich gespürt«, sagte der Bär.
»Hast du gehört, wie mein großer Bruder hinter dem Berg gehustet hat?« fragte die Fliege.
»Hab' ich gehört, hab' ich gehört«, sagte der Bär.
»Willst du noch immer Rache an mir nehmen?« fragte die Fliege.
»Will ich nicht, will ich nicht«, sagte der Bär.
Seither leben die beiden friedlich zusammen in der Hütte. Die Fliege darf von den Krümeln auf dem Tische essen, und der Bär wird nicht arm davon.

Grips

Vor der Scheune stand der leere Heuwagen. Schritt der Hahn heran, flog hinauf und rief: »Ich möchte fahren! Wer zieht mich?«
Kamen zwei Kälber und zogen am Wagen. Aber der Wagen ging nicht weg. Ging nicht weg, blieb am Fleck.
»Ja, mein Gewicht!« rief der Hahn. »Ihr schafft es nicht. Ich bin zu schwer. Da müssen noch zwei Stärkere her!«
Kamen zwei Ziegen. Die beiden Ziegen zogen an den Kälbern. Die Kälber zogen am Wagen. Aber der Wagen ging nicht weg. Ging nicht weg. Blieb am Fleck.

»Ja, mein Gewicht!« rief der Hahn. »Ihr schafft es nicht. Ich bin zu schwer. Da müssen noch zwei Stärkere her!«

Kamen zwei Schweine. Die Schweine zogen an den Ziegen. Die Ziegen zogen an den Kälbern. Die Kälber zogen am Wagen. Aber der Wagen ging nicht weg. Ging nicht weg. Blieb am Fleck.

»Ja, mein Gewicht!« rief der Hahn. »Ihr schafft es nicht. Ich bin zu schwer. Da müssen noch zwei Stärkere her!«

Kamen zwei Kühe. Die Kühe zogen an den Schweinen. Die Schweine zogen an den Ziegen. Die Ziegen zogen an den Kälbern. Die Kälber zogen am Wagen. Aber der Wagen ging nicht weg. Ging nicht weg. Blieb am Fleck.

»Ja, mein Gewicht!« rief der Hahn. »Ihr schafft es nicht. Ich bin zu schwer. Da muß noch der Allerstärkste her!«

Kam der Ochse. Die beiden Kühe zogen an den Schweinen. Die Schweine zogen an den Ziegen. Die Ziegen zogen an den Kälbern. Die Kälber zogen vorn am Wagen. Der Ochse schob hinten am Wagen. Aber der Wagen ging nicht weg. Ging nicht weg. Blieb am Fleck.

So plagten sich alle neune mit dem Wagen vor der Scheune.

Kam Hans, der Sohn des Bauern.

Da gingen alle vom Wagen fort und sagten: »Wetten, der kriegt ihn auch nicht vom Ort!«

Aber der Hans, was machte er? Er drehte die Bremse auf. Da lief der Wagen fast allein in den Schuppen, wo er hin sollte.

Da stand er, der Ochse, und glotzte und machte: »Buuh!«

Doch der Hans tippte ihm vor die Stirn: »Ein bißchen Grips gehört auch dazu!«

Onkel Theo wohnt in einem Turm

Onkel Theo wohnt in einem Turm

Onkel Theo wohnt in einem Turm.
Manchmal kommt sein Neffe ihn besuchen.
Wenn sie aus dem Fenster schauen, bläst der Sturm
wild um ihre Nasen.
Unter ihnen nisten Vögel in den Buchen,
und die Leute drunter sind so klein wie Hasen.

In dem Turme hausten früher Grafen,
die zum Glück so manches Stück vergaßen
oder auch ganz einfach irgendwo verloren.
Unter Treppen, in den schwarzen Ecken
liegen Helme, Schilde, Schwerter, Sporen.
Anderswo ist andres zu entdecken.

Doch vor allem taten sie das eine
(und besonders dafür sind sie sehr zu loben),
jene andern, einst vor langen Zeiten:
Sie versteckten gerne hinter losen Steinen
Fingerringe und dergleichen kleine
Kostbarkeiten.

Oh, sie waren Meister im Verstecken!
Ohne Ende gibt es zu entdecken.

Die Nacht in Kapstadt

Wer über die hohen Berge, die Alpen, nach Süden geht, der kommt in das schöne Land Italien. Dort gib es eine berühmte, uralte Stadt mit dem Namen Rom.
Wer von Italien weiter nach Süden will, der muß mit dem Schiff über ein breites Wasser fahren: das Mittelmeer. Dann ist er in Afrika.
Und wer auch in Afrika durch viele heiße Länder nach Süden wandert — durch Wüsten und Urwälder und an Negerdörfern vorbei —, immerzu nach Süden, der kommt nach Wochen und Monaten, wenn er das ganze riesengroße Afrika durchwandert hat, an eine Stadt am Ozean. Und diese Stadt heißt Kapstadt...
Klaus ist acht Jahre alt. Hanni ist fünf Jahre alt. An einem schönen Nachmittag im August nehmen sich Klaus und Hanni bei der Hand und sagen: »Wir gehen nach Kapstadt.«
»Das ist recht«, sagt die Mutter. »Aber wartet einen Augenblick. Ich mache noch jedem von euch ein doppeltes Butterbrot. — So, und da lege ich noch zwei Äpfel in das Netz, damit ihr mir in Kapstadt nicht verhungert.«
Klaus nimmt das Netz. »Vielen Dank, Mutter! Und auf Wiedersehen!«
»Auf Wiedersehen, Mutter!« sagt Hanni.
»Auf Wiedersehen, Kinder, und viel Vergnügen in Kapstadt!« sagt die Mutter.
Draußen vor der Haustür sagt Klaus: »Wollen wir rennen, wer als erster in Kapstadt ist?«
Hanni darf ein Stück vor, denn sie ist ja noch viel kleiner.

Klaus ruft: »Achtung — fertig — los!« Und dahin geht's wie der Wind.
Doch wer wird Sieger? Keines von beiden! Es hat sich nämlich noch ein dritter an dem Wettlauf beteiligt.
Waldi, der Dackel, ist hinter den beiden hergeschossen, daß nur so die Ohren flogen. Kurz vor dem Ziel hat er sie überholt. Und jetzt bellt er vor Aufregung und Stolz zu den beiden hinauf.
Ja, und nun sind sie alle drei hinten im Garten in Kapstadt.
Es gibt nämlich noch ein zweites Kapstadt. Zwischen Apfelbäumen und Johannisbeerbüschen steht ein kleines Haus aus Holz. Auf die rote Tür ist eine Palme mit Kokosnüssen und langen Blattwedeln gemalt. Und über der Tür steht auf einem ovalen Schild: *Kapstadt.*
Das Häuslein hat ein einziges Zimmer. Es ist gerade hoch genug, daß Klaus aufrecht darin stehen kann. In der hinteren Wand ist ein Fenster. Davor steht ein Tisch, und links und rechts ist eine Bank.
Die Wände hängen voller Bilder. Die Bilder an der linken Seite hat Hanni gemalt, die Bilder an der rechten Seite hat Klaus gemalt.
Auf einem der Bilder an Hannis Wand ist Waldi dargestellt. Als die Kusine Margot zu Besuch kam, fragte sie, ob das ein Nilpferd sei. Da sagte Hanni zu Klaus, er solle mit großen Buchstaben darunterschreiben: WALDI! Jetzt kann es niemand mehr verwechseln.
Vor den Ferien hatte Klaus geweint: »Alle Kinder dürfen in den Ferien fortfahren, nur wir nicht!« Da sagte der Vater: »Seid nicht traurig, wenn wir auch heuer kein Geld haben, um zu verreisen. Dafür habt ihr ja einen so schönen Garten zum Spielen, wie ihn viele andere Kinder nicht haben!« Und zum Trost baute er den Kindern ein eigenes Häuslein in den Garten. Als das Häuslein

fertig war, saßen sie eines Abends alle um den Atlas und suchten nach einem hübschen Namen. »Da!« rief Hanni, die noch gar nicht lesen konnte, sich aber unbedingt beteiligen wollte. Sie zeigte auf einen Namen, der am untersten Zipfel von Afrika ins blaue Meer hineingeschrieben war. Kapstadt, lasen die anderen, und das gefiel allen. Wenn Klaus nach den Ferien erzählt, er war in Kapstadt, dann kann gewiß keiner mehr behaupten, er sei weiter gewesen...
Hanni setzt sich auf ihre Bank an der linken Seite. Klaus setzt sich auf seine Bank an der rechten Seite. Waldi steht unter der Türe und seine klugen Äuglein schauen ganz enttäuscht. Er hätte noch so gern mit den beiden herumgetollt.
Auf dem Tisch liegt noch vom Vormittag farbiges Papier. Dieses Buntpapier hat Klaus schon zu Weihnachten bekommen. Jetzt will er allerlei ausschneiden, was er braucht, um ein großes, herrliches Bild zu kleben: ein qualmender Dampfer, der durch hohe Wellen fährt. Hanni darf aus dem silbernen Papier Fische ausschneiden.
Waldi schaut ein Weilchen den beiden zu. Als er merkt, daß er ganz und gar vergessen ist, wackelt er betrübt ins Haus zurück.
Eine Stunde mag verstrichen sein. Plötzlich kläfft er an Klaus hinauf: »He, du, he!«
Klaus hat keine Zeit für Waldi. Er ist gerade dabei, den Kapitän, der durch ein langes Fernrohr schaut, auf das Schiff zu kleben.
Da schreit Hanni: »Waldi hat einen Brief!«
Mit viel Geduld haben sie Waldi dazu gebracht, daß er den Briefträger zwischen dem Haus und Kapstadt spielt.
Schon ist Hanni bei Waldi und zieht ein zusammengerolltes Papier aus seinem roten Halsband. Auf das Papier ist etwas mit Bleistift

geschrieben. Aber mit traurigem Gesicht muß Hanni den Zettel ihrem Bruder weitergben. Sie kann ja noch gar nicht lesen.
Aufgeregt greift Klaus nach dem Brief.
»Lies!« bettelt Hanni.
Klaus schaut und schaut. Und dabei macht er ein Gesicht, genauso ratlos, wie seine Schwester eben.
Hanni stampft ungeduldig mit dem Fuß: »Lies endlich, Klaus, lies!«
»Sei doch still! Wenn ich nur selber wüßte, was das heißen soll!«
»Lüg nicht, du gehst ja in die Schule, du willst mich nur ärgern!«
»Nein, wirklich, Hanni! Die Buchstaben kann ich lesen, aber das ist doch gar kein Deutsch!«
Auf dem Zettel steht:
NIB AD! ARRUH!
LEKNO ILLIW.
Da stehen sie nun alle drei und machen ein langes Gesicht. Klaus und Hanni sind traurig, weil sie mit dem Zettel nichts anzufangen wissen. Und Waldi ist entsetzt, weil er nicht wie sonst gelobt wird, wenn er etwas bringt.
Doch plötzlich geht Klaus ein Licht auf. Vor einem halben Jahr war Onkel Willi, der Bruder der Mutter, zu Besuch da. Am Abend spielten sie miteinander. Da machten sie auch den Spaß, ihre Namen und sonst allerlei Wörter verkehrt zu lesen.
Mit Feuereifer macht sich Klaus über den Zettel und liest Wort für Wort von hinten herein:
»NIB — BIN, AD — DA, ARRUH — HURRA,
LEKNO — ONKEL, ILLIW — WILLI.
BIN DA! HURRA! ONKEL WILLI.«

Jetzt bekommt Waldi ein so reichliches Lob, daß er ganz verdattert schaut.
Einen wahren Indianertanz führen die beiden um ihn auf
Flugs wird ein neuer Zettel geschrieben und Waldi ins Halsband gesteckt. Auf dem Brief steht:
EMMOK UZ SNU!
Der kleine braune Briefträger schaut noch einmal fragend die beiden an, dann schießt er zwischen den Apfelbäumen davon.
Schnell wird das Prachtbild fertiggeklebt. Es kommt an die mittlere Wand über das Fenster, denn Klaus und Hanni haben es gemeinsam gemacht. Von Hanni stammen die Fische im Wasser, die Möwen in der Luft und der Anker am Schiff. Klaus hatte ihr gezeigt, wie sie es machen mußte.
Da kommen sie auch schon alle miteinander an, der Vater, die Mutter, Onkel Willi und, allen voran natürlich, Waldi.
Onkel Willi bewundert gebührend die Sehenswürdigkeiten von Kapstadt. Auf dem Dach sitzt sogar ein Affe. Der Vater hat ihn auf ein Brettlein gezeichnet, Klaus hat ihn ausgesägt und angemalt.
Plötzlich hat Klaus einen Gedanken. »Wird Onkel Willi heute nacht bei uns schlafen?«
»Freilich muß er bei uns bleiben«, sagte die Mutter. »Wir werden dein Bett für ihn herrichten.«
»Oh«, jammert Klaus. »Dann muß ich leider, leider heute nacht nach Kapstadt ziehen!«
Der Onkel ist ganz bestürzt. Aber der Vater beruhigt ihn: »Schau dir nur das Gesicht von diesem Schlingel da an — so ehrlich war dieser Seufzer nicht gemeint! Er könnte natürlich sehr gut heute nacht wieder auf dem Sofa in der Wohnstube liegen. Aber seitdem wir

Kapstadt gebaut haben, hört er nicht auf zu betteln, er möchte einmal hier draußen schlafen.«
Er hat noch nicht zu Ende gesprochen, da ist schon Hanni da: »Ich auch — ich möchte auch in Kapstadt schlafen!«
»Wir können doch die Kinder nicht die ganze Nacht allein im Garten lassen«, meint die Mutter besorgt.
Aber Hanni hat keine Angst. »Klaus ist tapfer!« erklärt sie mit solcher Entschiedenheit, daß alle lachen.
Jetzt muß auch die Mutter nachgeben. »Na, dann kann ja nichts passieren«, sagt sie schmunzelnd.
Die beiden können kaum den Abend erwarten. Endlich liegt jedes auf seiner Bank, von der Mutter schön zugedeckt. Der Tisch in der Mitte reicht so dicht an die schmalen Bänke, daß sie nicht herunterkugeln können. Den Rest Buntpapier hat Klaus in einem schön geordneten Stoß unter seine Bank gelegt. Dafür liegt jetzt etwas anderes auf dem Tisch: eine Flinte! Es ist eine uralte Jagdflinte, die noch vom Vater des Großvaters stammt. Es ist schon jahrzehntelang nicht mehr geschossen worden damit, und sie ist natürlich auch jetzt nicht geladen. Der Vater hat sie nur zum Spaß gebracht, aber Klaus kommt sich doch jetzt, mit der Flinte neben sich, richtig wie in einer Hütte im Urwald vor.
Für Waldi wurde ein weich ausgeschlagenes Körbchen unter den Tisch gestellt. Aber er hat sich bald wieder davongetrollt, wahrscheinlich, um sich auf der Veranda ein Plätzchen zu suchen.
Durch die Tür, die nicht ganz geschlossen war, und die Waldi noch ein Stück weiter aufgeschoben hat, kann man sehen, wie seltsame Schatten im Zickzackflug durch die Dämmerung jagen. Es sind Fledermäuse. Klaus und Hanni haben keine Angst. Sie wissen, daß

die Fledermäuse keinem Menschen ein Leid zufügen. Und sie wissen auch, wo die Fledermäuse untertags schlafen: Als schwarzsamtene Knäuel hängen sie droben hinter den Fensterläden am Schlafzimmer der Eltern. Früher machten die Eltern, wenn ein Unwetter drohte, die Fensterläden zu. Jetzt aber haben sie Jalousien angebracht, damit sie die Fledermäuse nicht immer stören müssen.
»Wenn Räuber kommen, dann haue ich ihnen gleich die Flinte auf die Nase!« erklärt Klaus.
»O ja, das tust du«, sagt Hanni. »Dann laufen sie schnell davon.« Auf ihren großen Bruder hat sie ein felsenfestes Vertrauen.
Es dauert nicht lange, dann sind sie beide eingeschlafen.
Mitten in der Nacht wacht Klaus auf. Alles um ihn ist finster und totenstill. Ganz leise nur hört er die Schwester atmen. Aber war da nicht eben ein Geräusch, von dem er aufgewacht ist? Langsam erinnert er sich, daß er ja gar nicht in der Kammer liegt, sondern in Kapstadt, hinten im Garten. Jetzt hört er am Boden etwas gehen, ganz laut und deutlich. Plötzlich ein Schnauben, wie wenn jemand voller Wut die Luft durch die Nase stößt.
Klaus fährt zusammen. Sicher ist es ein großes, unheimliches Tier. Er wagt sich nicht mehr zu rühren und nicht mehr zu regen. Er wagt nicht nach der Flinte zu greifen, die irgendwo in der Finsternis auf dem Tisch liegt. Er wagt nicht einmal nach der Taschenlampe zu suchen, die er unter sein Kopfkissen geschoben hat. Er wagt nicht, nach dem Vater zu rufen. Steif wie ein Stück Holz liegt er da. Rasselnd streift etwas unten am Bein seiner Bank. Und es wird immer schlimmer. Unter seiner Bank geht ein wildes Rascheln und Knistern los, das gar kein Ende nehmen will. Manchmal bewegt sich dieses Rascheln, von unheimlichen Schritten begleitet,

nach hinten gegen das Eck. Und dann beginnt das Spiel wieder von neuem. Kann das überhaupt ein Tier sein? Oder ist das ein ganz absonderliches Wesen, das noch niemand gesehen hat, weil es sich nur in der finsteren Nacht herumtreibt? Klaus gäbe alle seine schönen Glaskugeln dafür, wenn er jetzt sicher in seinem Bett läge.
Endlich wird auch Hanni unruhig und wacht auf. Sie hört das Schnaufen, Knistern, Rennen — und brüllt.
Sofort wird es am Boden mäuschenstill. Nicht lange, und alle kommen herbeigestürzt: der Vater mit der Taschenlampe, die Mutter, Onkel Willi.
Der Einbrecher ist schnell gefunden. Mit empörtem Kläffen und Winseln steht Waldi vor einer stacheligen Kugel, in die er so gerne beißen möchte — wenn nur die langen, spitzen Stacheln nicht wären!
Ja, da liegt ein Igel, er hat sich zusammengekugelt und ist für niemand zu sprechen.
Auch nicht für Klaus, der ihn gern ein bißchen an den Ohren gezupft hätte. Der Igel hat ihm nämlich zu allem Schrecken auch noch das Buntpapier, das unter der Bank lag, übel zugerichtet. In hundert Fetzen liegt es herum. Den Großteil aber hat sich der Igel nach hinten, in das Eck geschleift, als habe er sich dort ein Nest bauen wollen. Jetzt weiß Klaus auch, woher dieses beständige Rascheln und Knistern kam.
»Ja, ja, ihr Helden«, meint der Vater, »wenn man schon in Kapstadt ist, dann gehört es sich auch, daß man ein Abenteuer erlebt!«
»Wie ist es, habt ihr für heute genug von Kapstadt?« fragt die Mutter.

»Ich bleibe!« ruft Klaus, um wenigstens nachträglich noch Mut zu beweisen.

»Ich bitte auch«, sagt Hanni, der schon wieder die Augen zufallen.

»Nun, dann legt euch wieder nieder«, entscheidet die Mutter lachend. »Aber diesem wilden Tier da unter der Bank will ich zur Vorsicht noch ein Tellerchen Milch und ein paar Stücklein Fleisch vor die Nase stellen, damit es euch nicht doch noch in seinem Hunger anknabbert.«

Noch ein ganzes Weilchen hört Klaus dem drolligen kleinen Gesellen zu, und manchmal leuchtet er auch mit der Taschenlampe zu ihm hinab. Mag der Igel ruhig weiter mit dem Buntpapier spielen! Jetzt wagt sich der kleine Stachelträger an die Milch. Vorsichtig steckt er seine Schnauze hinein, doch schließlich beginnt er mit solchem Feuereifer zu schlürfen, daß Klaus von seiner Bank steigen und sich mit der Taschenlampe neben ihn kauern kann, der Igel läßt sich nicht stören.

Am anderen Morgen, als Klaus und Hanni aufwachen, ist der Igel fort. Auch die Fleischstücklein hat er noch vor seinem Abschied verspeist.

Zum Andenken an den nächtlichen Gast hängt seitdem in Kapstadt ein seltsames Bild. Auf ein Blatt ist ein Gewimmel von bunten Papierfetzlein geklebt. Darunter steht: *Eigenhändige Arbeit von Herrn Igel.*

Begegnung im Herbst

Bläst ein Wind, ein kühler, übers Feld.
Doch wer hat sich dort ins Kraut gestellt?
Einsam steht er, wedelnd mit dem Arm.
Wedle nur, vielleicht wird dir dann warm!

Oder winkt er gar und braucht er Rat?
Über Stoppeln bin ich ihm genaht.
Wollt' ihn trösten, aber unterm Rock
schlug kein Herz, stak nur ein dürrer Stock.

Zwei Gabeln

Löffel, Gabel, Messer
kennen alle Esser.
Aber nimm die kleine Gabel,
sie genügt für deinen Schnabel.
Die große will, ich meine,
andres Futter stechen.
Drum laß in der Scheune
Sense, Gabel, Rechen.

Von dem Jungen, der sich verrechnete

Es war einmal ein Junge, der wußte schon alles. Jedenfalls war er selbst davon überzeugt.
Eines Nachmittags kam dieser Junge mit Halsweh vom Baden nach Hause. Im Bauch hatte er ein komisches Gefühl. Und als die Mutter seine Stirn befühlte, stellte sie fest: »Du kriegst Fieber. Morgen kannst du unmöglich zur Schule.«
Mit Eugen war sein Freund Jochen gekommen. Als dieser sich verabschieden wollte, sagte die Mutter: »Warte einen Augenblick, ich schreibe noch rasch einen Entschuldigungszettel für Eugen. Den gibst du morgen eurem Lehrer.«
Beim Abendessen zeigte Eugen gesunden Appetit. Halsweh, Bauchweh und Fieber waren wie weggeblasen. In der Nacht schlief Eugen ausgezeichnet. Und als sich die Mutter am Morgen nach seinem Befinden erkundigte, konnte Eugen bei allem Nachdenken kein Wehwehchen mehr an sich feststellen. Er machte sich also für die Schule fertig und ging aus dem Haus. Die Sonne strahlte.
Eugen überlegte: Was haben wir in der ersten Stunde? Rechnen? Pah! Ich weiß ja schon alles! Wozu soll ich mich in die Schule setzen? Ich bin ohnehin entschuldigt!
Er bog in eine Seitenstraße ein, die zu einer Anlage führte.
Um einen Teich standen Bänke. Auf eine dieser Bänke legte Eugen seine Schulmappe. Er holte aus der Mappe ein Frühstücksbrot. Dann ging er an den Teich und fing an, die Fische und Schwäne zu füttern. Da erschien die Dame mit dem Hund, von dem man nicht wußte, wo vorn und hinten war.
Eugen kannte die beiden. Sie gingen oft hier in der Anlage spazie-

ren. Der Hund sah aus wie ein wandelnder Wasserfall. Auf allen Seiten hingen lange Haare an ihm hinunter. Nur wenn er lief, wußte man, an welchem Ende der Kopf war.
Die Dame setzte sich auf eine Bank, wechselte ihre Brille, holte ein Buch aus der Tasche und begann zu lesen. Der Hund ging auf Eugen zu, stellte sich vor ihn hin und schaute ihn an. Jedenfalls war dies anzunehmen.
Diesen Hund hätte Eugen schon seit langem gern einmal ein bißchen geärgert und am Haar gezogen. Wichtig war ja, daß man am richtigen Ende zog, damit der Hund nicht zuschnappen konnte, ehe man seine Hand in Sicherheit brachte.
Im Augenblick war nichts zu machen. Der Hund stand mit dem Kopf zu Eugen; er hatte ihn ja herankommen sehen.
Da drehte der Hund sich um. Jetzt wäre die Gelegenheit günstig gewesen, aber der Hund drehte sich weiter um. Schließlich blieb er stehen. Eugen hatte genau mitgezählt. Der Hund hatte sich im ganzen achtmal umgedreht.
Eugen überlegte: Erst stand der Hund mit dem Kopf zu mir. Dann hat er sich achtmal umgedreht. Also streckt er mir jetzt das Hinterteil her. Klarer Fall! Rechnen kann ich ja, gottlob, da macht mir keiner was vor!
Eugen griff nach einer Haarsträhne, um schnell daran zu ziehen.
»Au!« Das waren Hundezähne! Der Hund hatte ganz ordentlich gekniffen. Eugen steckte die schmerzende Hand unter die Achsel.
Die Dame auf der Bank war aufmerksam geworden. Sie ließ das Buch sinken, setzte ihre Lesebrille ab, setzte ihre andere Brille auf, guckte und fragte: »Bolko, bist du ungezogen?«
»Nein«, sagte Eugen höflich, »Ihr Bolko ist ein Engel!«

Eugen nahm seine Mappe und begann zu rennen. Gerade, als er ins Klassenzimmer schlüpfte, schellte es zum Beginn der ersten Schulstunde.
Rechnen! Der Lehrer erzählte etwas von geraden und ungeraden Zahlen. Eugen paßte gut auf. Man weiß nie, wie man's im Leben braucht!

Der freche Drachen

Ernst und Eduard gingen auf die Stoppelfelder und ließen ihre Drachen steigen.
Ernst hatte seinem Drachen ein freundliches Gesicht gemalt.
Eduard hatte einen frechen Drachen gemalt. Der lachte mit seinem breiten Mund und streckte sogar die Zunge heraus!
Der Oktoberwind trug die Drachen steil empor.
Hei, juchhe!
Ho ruck! — O weh!
Der freche Drachen hatte Eduard die Schnur aus der Hand gerissen.
»Halt!« schrie Eduard. »Dableiben!«

>   Der Drachen aber, was machte er?
>   Hoch aus den Wolken lachte er.
>   Er flog davon, er flog hinweg
>   bis zu dem Städtchen Ätschepeck.

Gick!

Der Redner kam, der kluge.
Die Leute saßen stumm.
Der Redner wollte sagen:
»Geehrtes Publikum!«
und dann noch vieles andre.

Doch in dem Augenblick
erfaßte ihn der Schluckauf.
Da sagte er nur:
»Gick!«

Sassafras

Als ich heut die Zeitung las,
las ich was von Sassafras.
Dachte ich mir: Was ist das?

Schlug ich nach im Lexikon
unter S, da hatt' ich's schon.
Sassafras, so hieß es da,
ist ein Baum in USA.
Donnerwetter, so ist das.
Sassafras, Sassafras!

Ha, jetzt weiß ich wieder was.
So allmählich mit der Zeit,
wird der Mensch gescheit.

Wenn die Mähmaschine rattert

Wenn die Mähmaschine rattert,
geht es ihnen an den Kragen,
allen Gräsern, allen Blumen,
wieviel tausend, wer kann's sagen.

Hopp, ein Heupferd! Hopp, ein andres
rettet sich in kühnem Satze,
denn die Wiese wird geschoren;
heute kriegt sie eine Glatze.

Ist das Heu davongefahren,
wird der Bauer nicht mehr brummeln,
wenn sich auf der kahlen Fläche
Kinder nach Vergnügen tummeln.

Herbstzeitlosen

Der Herbst geht um.
Still stehen sie beisammen,
gestellt ins Gras
wie viele zarte Flammen.

Der Herbst spielt auf.
Welch Orgeln und welch Tosen!

Zur Herbstzeit blühn
die blassen Herbstzeitlosen.

So tapfer blühn,
die lang zu blühn vergaßen:
Ihr Licht vermag
kein Windstoß auszublasen.

Vom bösen Herrn Stibitzdiwitz

Seht, hier geht er! Seht, hier steht er!
Seht, hier rennt er wie der Blitz!
Die Polizei kann er nicht leiden,
der böse Herr Stibitzdiwitz.

Schaut nur, wie er voller Sorge
erst um jede Ecke blickt!
Wie ganz anders, frisch und keck,
geht, wen keine Untat drückt!

»He, ich stelle Maurer ein!«
ruft der Architekt, Herr Frey.
Grinsend spricht Stibitzdiwitz:
»Bedaure, ich bin arbeitsscheu!«

Durch die Straßen, durch die Gassen
schleicht voll List der böse Mann,
schielt nach links, schielt nach rechts,
ob er nicht was stehlen kann.

Bei den Ständen auf dem Marktplatz
ist für ihn der rechte Ort.
In der Menge, im Gedränge
klaut er da und klaut er dort.

Helmut legt die Börse nieder,
denn er muß den Hans versohlen.
Hans und Helmut schließen Frieden —
doch die Börse ist gestohlen!

Leer und öde ist die Stelle,
wo die Börse eben lag.
Helmut sollte Rindfleisch kaufen.
Ach, das ist ein schwarzer Tag!

Stibitzdiwitz, Stibitzdiwitz,
das war von dir gemein! —
Wo steckt er jetzt? Im Großkaufhaus.
Dort kauft er gratis ein.

Und dann weiter durch die Gassen
schleicht voll List der böse Mann.
Schielt nach links, schielt nach rechts,
ob er nicht was stehlen kann.

Hier an dieser Haltestelle
steht der gute Onkel Fritz.
Was muß er lesen in der Zeitung?
Vom bösen Herrn Stibitzdiwitz!

Während Onkel Fritz im Herzen
Abscheu und Empörung spürt,
wird ihm voller Niedertracht
sein ganzer Monatslohn entführt.

Ach, so geht das alle Tage.
Schrecken hier! Und Schrecken dort!
»Ich hatte doch ein hübsches Täschchen!«
ruft Marie. »Wo ist es? Fort!«

Oh, wie liegt man auf der Lauer!
Doch es nützte alles nichts,
wenn es nicht den Helmut gäbe,
der gern auf dem Birnbaum sitzt.

Auf dem Birnbaum, ganz versteckt,
hat Helmut seinen Sommersitz.
Das ahnt er nicht, der sonst so schlaue
böse Herr Stibitzdiwitz.

Drum schleicht er sich zum Nachbarhaus.
Dort wohnt der Zahnarzt, Dr. Seitz.
Dieser ist, wie jeder weiß,
jetzt auf Urlaub in der Schweiz.

Oh, der Zahnarzt Dr. Seitz
soll ihm keinen Zahn plombieren —
nein, es will Stibitzdiwitz
seine Schätze einkassieren!

Klirr, zertrümmert er ein Fenster,
was doch sehr verboten ist.
Und schon ist Stibitzdiwitz
höchst geschickt ins Haus geschlüpft.

Helmut sah dies sehr genau.
Voller Zorn ist seine Miene.
Zwar, er mag den Zahnarzt nicht,
den Nachbar mit der Bohrmaschine.

Doch die ganze Bohrerei
treibt der Zahnarzt nur aus Liebe.
Drum ist Helmut rasch entschlossen,
ihn zu retten vor dem Diebe.

Von dem Baume steigt er nieder.
Auf den Rasen springt er schon.
Seht, nun flitzt er durch den Garten.
Jetzt sitzt er am Telefon.

Wählt die Nummer, die bestimmte,
und ruft: »Hallo, Polizei,
bei Dr. Seitz wird eingebrochen,
Sensenstraße Nummer drei!«

»Oh, das interessiert uns sehr!
In zwei Minuten sind wir da!«
Wer kommt gebraust nach zwei Minuten?
Ist's die Polizei? O ja!

Helmut nimmt sie in Empfang.
Sieben Männer steigen aus.
Dreie laufen in den Garten,
und umzingelt ist das Haus.

»Weh, umzingelt ist das Haus!«
ruft Stibitzdiwitz voll Graus.
Auf das Dach will er sich retten,
doch es geht nicht, er rutscht aus.

Durch das Beet mit den Radieschen
will er rennen querfeldein.
Doch ein tapfrer Polizist
stellt ihm ganz geschwind ein Bein.

Ja, nun liegt er auf der Nase.
Hei, schon packt man ihn am Kragen!
Stellt ihn auf die Beine wieder:
Seine Sünden soll er sagen!

Was, er will noch immer leugnen?
Gleich wird er auf den Kopf gestellt.
Ja seht nur an, ja seht nur an,
was ihm aus den Taschen fällt!

Alles, alles ist gestohlen!
Wie kann man nur so boshaft sein?
Marsch, zum Polizeiauto!
Türe auf! Marsch, hinein!

Türe zu, Abfahrt, los!
Oh, wie ist die Freude groß!
Fröhlich ruft die ganze Welt:
»Stibitzdiwitz hat ausstibitzt!
Helmut ist ein großer Held!«

Höre, Freund, ich muß dir etwas zwitschern

»Höre, Freund, ich muß dir etwas zwitschern«,
sagte meine Schwalbe heut zu mir.
»Morgen geh' ich auf die große Reise.
Kannst du fliegen? Schade, du bleibst hier.

Ach, ich würde dir so gerne zeigen
eine hübsche Stelle, die ich weiß,
dort in Afrika, in einem Lande,
wo es anders ist als hier und heiß.

Und du könntest dich auf mich verlassen,
sicher brächte ich dich wieder heim:
Wenn es gilt, den rechten Weg zu finden,
dann fällt mir das Rechte immer ein!«

Vogel auf weiter Reise

Er kann nicht reden, mein Vogel, mein kleiner,
er kann nicht erzählen wie unsereiner,
er kann nicht berichten
lange Reisegeschichten.
Doch kommt er wieder,
dann setzt er sich nieder,
dann singt er mir zum Fenster herein
sieben Lieder und noch ein Trillerlein.

Gang im Nebel

Im Nebel steht — er hat's in sich —
gar mancherlei umher.
Doch was da steht, das ahnt man nicht,
das weiß man nie vorher.

Jetzt rennst du nicht, jetzt gehst du nur,
jetzt setzt du Fuß vor Fuß,
und denkst, daß jetzt beim nächsten Schritt
vielleicht was kommen muß.

Daß jetzt vielleicht, daß jetzt was steht,
ganz dicht vor deiner Hand,
ein Baum vielleicht, ein Zaun vielleicht,
vielleicht ein Elefant.

Der hübsche Ring mit dem roten Stein

Beim Blaubeerensuchen im Föhrenwald hatte ich ihn verloren: meinen hübschen Ring mit dem roten Stein.
Ohne meinen Ring, den hübschen Ring mit dem roten Stein, kann ich nicht leben. Ach, was bin ich gelaufen im Föhrenwald, hin und her, kreuz und quer, den ganzen Herbst!
Der Föhrenwald ist groß, mein Ring ist klein, ich konnte ihn nicht finden.

Der Winter nahte, die ersten Flocken fielen. O du mein lieber Ring mit dem roten Stein, heute kann ich dich noch finden, morgen liegst du unterm Schnee!
Und wie ich so gehe im Föhrenwald, und wie ich so gucke, da sehe ich einen bemoosten Baumstrunk, der aussieht wie eine kleine Burgruine. Die Burgruine hat einen kleinen, runden Eingang, und zu diesem wandert eine kleine graue Maus.
»Einen Augenblick!« rief ich.
»Wie bitte?« fragte die Maus höflich und schaute über die Schulter zu mir zurück.
»Ich habe«, begann ich, »zur Blaubeerenzeit hier im Föhrenwald einen Ring verloren, einen hübschen Ring mit einem roten Stein. — Weißt du, wer ihn gefunden hat?«
»Gefunden?« fragte die Maus. Sie drehte sich zu mir um. »Gefunden?« Sie setzte sich nieder. »Gefunden?« Sie ringelte nachdenklich das Schwänzlein um die Hinterbeine. »Gefunden?« Sie schaute angestrengt zum grauen Himmel hinauf. Doch dann hob sie erfreut die kleine Hand. »Aber ja! Natürlich! Der Kuckuck! Der Kuckuck hat ihn gefunden!«
»O du Prachtmaus!« rief ich überglücklich. »Ich könnte dich umarmen! Du weißt etwas von meinem Ring! — Der Kuckuck, sagst du? Der Kuckuck? Wo kann ich ihn treffen? Sprich, schnell!«
Doch wie bestürzt war ich über das, was ich nun von ihr zu hören bekam.
»Der Kuckuck«, berichtete die Maus, »ist zur Zeit nicht im Lande. Er ist auf Reisen. In Afrika, wenn ich recht unterrichtet bin.«
»Und wann kommt er zurück?« rief ich.
»Nicht vor April, soviel ich weiß.«

»So lange halte ich es nicht aus!« jammerte ich.
»Du kannst ihm ja nachreisen«, schlug die Maus vor. »Es wird freilich nicht leicht sein, ihn zu finden«, meinte sie. »Eine genaue Adresse scheint er nicht hinterlassen zu haben.«
»Ja«, seufzte ich. »Und wer weiß, ob er ihn wirklich mithat!«
»Wen?« erkundigte sich die Maus.
»Meinen Ring!« klagte ich.
»Nein!« erklärte die Maus in bestimmtem Ton. »Deinen Ring hat er nicht mit. Er hat ihn ja nicht einmal aufgehoben damals. Für solche Dinge hat er keinen Sinn.«
»Oh!« rief ich erleichtert. »Da kann ich mir die Afrika-Reise also

sparen. Aber wer — wer hat denn meinen Ring tatsächlich aufgehoben?«

»Aufgehoben?« wiederholte die Maus. »Aufgehoben hat ihn eine der Elstern. Der Kuckuck hatte ihr von dem Ring erzählt. Und sie: nichts wie hin! Wie diese Elstern so sind.«

»Aha!« rief ich. »Aber wo kann ich diese Elster finden?«

»Ich kann dir ihre Wohnung sagen«, erklärte die Maus freundlich. »Sie wohnt an der Straße vom Föhrenwald nach Schnackelried, auf dem siebten Baum links. Nein, auf dem achten. Ganz oben. Vielleicht ist es doch der siebte. Du wirst es ja sehen. Es ist ein Ahorn.«

»Du meinst«, fragte ich und schluckte, »du meinst, ich muß da hinaufklettern?«

»Du mußt nicht«, sagte die Maus großzügig. »Außer, du willst diese Elster sprechen, die damals den Ring aufgelesen hat. Sie ist allerdings selten zu Hause, und es kann sein, daß du ein paar Stunden am Nest warten mußt, bis sie heimkommt.«

»Hm«, meinte ich. »Es soll mir auf einige Hautabschürfungen und ein paar Löcher in meinen Kleidern nicht ankommen, wenn ich nur meinen Ring wiederkriege. Glaubst du, die Elster wird ihn mir geben?«

»Wen? Den Ring? Aber nein, den hat sie doch längst nicht mehr!«

»Ach! Und wem hat sie den Ring gegeben?«

»Gegeben? Gegeben hat sie ihn einer Freundin, die an der Schnikkelbacher Landstraße, drüben auf der anderen Seite vom Föhrenwald, wohnt. Ich glaube, diese hat ihn gegen einen Kaffeelöffel eingetauscht.«

»Und diese Elster von der Schnickelbacher Landstraße, hat sie den Ring noch?«

»Nein, nein«, erwiderte die Maus geduldig. »Sie hat ihn gar nicht bis zu ihrem Nest gebracht. Unterwegs, wie sie hier über den Föhrenwald flog, ist er ihr aus den Zehen gefallen.«
»Und wo ist er hingefallen?«
»Dahin. Genau dahin, wo du jetzt stehst.«
»Oh!« Ich trat erschrocken zur Seite. Ich stand doch nicht... Nein, ich stand nicht auf dem Ring.
»Und wer...« fragte ich, aufs höchste gespannt. »Wer hat den Ring von hier aufgehoben?«
»Ich!«
Ich glaubte, nicht recht gehört zu haben. »Wie?« rief ich. »Du? Du selber? Und — hast du ihn noch?«
»Ja freilich!« erklärte die Maus stolz.
»Ist's möglich!« jubelte ich. »Du selber hast meinen Ring! Warum hast du mir das nicht schon längst gesagt?«
»Du hast mich immer *ganz* andere Sachen gefragt«, bemerkte die Maus treuherzig.
»Ja, das stimmt. — Aber jetzt, liebe, herzallerliebste kleine Maus, frage ich dich: Gibst du mir meinen Ring wieder?«
»Aber gern!« rief die Maus fröhlich.
Sie huschte in den bemoosten Baumstrunk, der aussah wie eine kleine Burgruine. Gleich darauf kam sie wieder heraus und brachte mir meinen Ring. Meinen hübschen Ring mit dem roten Stein.
Seither gehe ich nie in den Föhrenwald ohne eine Nuß in der Tasche. Die lege ich vor den kleinen, runden Eingang in dem bemoosten Baumstrunk, der aussieht wie eine kleine Burgruine.

Die Schneelaterne

Die Schneelaterne

Elisabeth, Martin und Renate hatten eine schöne, feste Schneeburg gebaut. Als sie fertig waren, rief Martin: »Jetzt machen wir eine Schneeballschlacht.«
Jedes machte sich einige große Schneebälle. Aber als es losgehen sollte, gab es Streit. Alle wollten in die Schneeburg, und keiner wollte von draußen angreifen.
»Still!« rief Elisabeth. »Ich weiß etwas anderes. Wir machen eine Schneelaterne!«
Die andern waren einverstanden.
Sie rollten eine Kugel aus Schnee, das gab den Sockel. Auf diesen Sockel bauten sie aus den Schneebällen ein kleines Schneehaus mit gewölbtem Dach und einer Türöffnung.
Bald darauf wurden die Kinder ins Haus gerufen.
Nach dem Abendessen wollten sie sich schon für das Zubettgehen fertigmachen, da fiel Renate die Schneelaterne wieder ein. Rasch zogen sich alle drei einen Mantel über. Sie schlüpften in ihre Stiefel, und Renate erbat sich von der Mutter einen Kerzenstummel.
Die Mutter zündete im Hausflur die Kerze an. Renate ging mit der brennenden Kerze aus der Tür. Sie hatte aber erst ein paar Schritte getan, da hatte der Wind die Kerze schon ausgeblasen.
Die Mutter zündete die Kerze noch einmal an. Renate hielt die Kerze mit der rechten Hand dicht an sich, die gewölbte linke Hand hielt sie schützend vor die Flamme. Das Licht schimmerte rötlich durch die Hand. Renate ging langsam über den Schnee. Vorsichtig setzte sie Fuß vor Fuß. Die beiden Geschwister gingen dicht vor ihr, um den Wind abzuhalten.

Renate gelangte glücklich ans Ziel und stellte die brennende Kerze in die Schneelaterne.
Ehe die Kinder ins Bett gingen, schauten sie noch einmal aus dem Fenster. In dem dämmerigen Garten schimmerte das milde Licht der Schneelaterne. Die Kinder lagen bald in tiefem Schlaf.
Draußen aber wanderten zwei Hasen durch die Winternacht. Sie sahen das geheimnisvolle Licht im Garten und schauten einander an.
»Trauen wir uns?« fragte der eine.
»Trauen wir uns!« nickte der andere.
Die beiden Hasen schlüpften durch die Hecke.
Sie standen vor der Schneelaterne und schauten mit großen, glänzenden Augen auf das warme, lebendige Licht.
Und einer der beiden Hasen sagte: »Ich glaube, so schaut Weihnachten aus!«

Rauhreif

Es kam zu uns ein stiller Herr,
der liebe Herr November.
War mancher da,
der lauter war,
den froher wir begrüßten.

Wir hatten ihm nichts zugetraut,
dem stillen Herrn November,
da zeigte sich,
er konnte was,
er konnte das Verzaubern.
Er machte jeden Halm, den Wald,
den Stacheldraht, die Zäune,
er machte uns
die ganze Welt
zu einem Rauhreif-Märchen.

Warum es keine Weihnachtslärche gibt

»Herbst, was hast du uns mitgebracht?« riefen die Bäume.
»Mitgebracht?« brummte der Herbst.
»Die andern haben uns die herrlichsten Dinge geschenkt!« schallte es von allen Seiten. »Der Frühling hat uns allen herrliche grüne Kleider gegeben!«
»Dazu hat er uns mit schneeweißen Blüten überschüttet!« riefen Birnbaum, Kirschbaum und Pflaumenbaum.
»Mich hat er mit rosafarbenen Blüten geschmückt!« rief der Apfelbaum.
»Mir hat er tausend rote Blütenkätzchen geschenkt!« rief die Fichte.
»Mir hat er auf jeden Zweig prächtige Blütenkerzen gesteckt!« rief die Kastanie.
»Und der Sommer!« riefen die Bäume. »Der Sommer hat uns Früchte gegeben!«
Mich hat er mit blauen, weiß bereiften Kugeln behängt!« rief der Pflaumenbaum.
»Mich mit wunderhübschen roten!« rief der Kirschbaum.
»Uns hat er große, saftige Früchte beschert!« riefen Birnbaum und Apfelbaum.
»Mir hat er zierliche Zapfen auf die Zweige gesteckt!« rief die Lärche.
Die Bäume konnten nicht genug den Frühling und den Sommer loben. »Und du, Herbst«, riefen sie, »du nimmst uns die Früchte! Und was gibst du uns dafür?«
»Ich habe nichts mitgebracht. Ich kann euch nichts geben«, brummte der Herbst. »Ihr habt eure grünen Kleider noch, seid zufrieden!«

»Ach, unsere grünen Kleider«, hieß es. »An denen haben wir uns längst satt gesehen!«
Die Bäume standen still und traurig, bis sich eine helle Stimme vernehmen ließ: »Kannst du uns nicht wenigstens die Kleider färben? Ich wünsche mir ein goldenes!«
Alle schauten auf die Birke, die gesprochen hatte. Dann brach ein Sturm los: »Herbst, du mußt uns die Kleider färben!«
»Ich wünsche mir ein rotes Kleid!« rief der Kirschbaum.
»Ich ein braunes!« rief die Eiche.
»Ich ein violettes!« rief die Tanne.
»Ich ein ockerfarbenes!« rief die Lärche.
»Ich ein buntes!« rief der Ahorn.
Der Herbst schüttelte sein Haupt. »Ich würde euch gerne den Gefallen tun«, sagte er. »Aber was würde der Winter dazu sagen, wenn er kommt? Er würde toben! Ich kenne ihn: Er ist für das Schlichte, alles Buntscheckige ist ihm verhaßt. Nein, es kann nicht sein!«
»Oh, du willst nur nicht!« klagten die Bäume. »Der Winter hat gewiß nichts dagegen, wenn wir bunte Kleider tragen!«
»Wir können ihn ja fragen«, entschied der Herbst. Und er befahl dem Wind, eilig zum Winter zu laufen.
Bis zum Winter war ein weiter Weg. Der Wind rannte durch die Straßen der Dörfer und Städte, über die Fluren, durch die Täler, über die Höhen.
Keuchend kehrte er zurück. »Der Winter ist außer sich«, berichtete er. »Er droht, allen Bäumen den Kragen umzudrehen, wenn er jeden in einem andersfarbigen Kleid vorfindet.«
Die Bäume steckten die Köpfe zusammen. Schließlich machten sie dem Herbst einen Vorschlag: »Gib unsern Blättern und Nadeln

schöne Farben! Wir versprechen dir, sie alle abzuwerfen, ehe der Winter kommt, dann hat er keinen Grund, sich zu beschweren. Der Frühling gibt uns später gewiß wieder neue Kleider.«
»Hm«, meinte der Herbst, »dann steht ihr ja alle kahl da, wenn der Winter kommt. Ob er damit einverstanden sein wird? Ich glaube kaum. — Lauf, Wind, und frage ihn.«
Der Wind stöhnte, weil er den weiten Weg noch einmal machen mußte. Fauchend und heulend fuhr er über das Land, bis er dorthin gelangte, wo der Winter wohnte.
Der Winter erklärte: »Wenn den Bäumen so viel an bunten Kleidern gelegen ist, sollen sie ihre Freude haben! Aber ein Teil von ihnen muß grün bleiben. Ich will an Weihnachten nicht nur kahle Zweige sehen! Wind, höre gut zu, was ich dir sage! Die Laubbäume können sich ihr Laub vom Herbst färben lassen, wenn sie wollen; sie müssen es nur abgeworfen haben, bis ich komme. Die vier Nadelbäume aber — hast du verstanden? —, die vier Nadelbäume müssen grün bleiben. Wehe dir, wenn du meinen Befehl nicht ordentlich weitergibst!«
Der Wind, den schon der Herbst so viel herumgeschickt hatte, wollte wenigstens zur Zeit des Winters seine Ruhe haben. Er nahm sich daher vor, seine Botschaft an die vier Nadelbäume genau auszurichten. Als er zurückkam, rief er sogleich:

»Fichten, Tannen, Kiefern, Föhren,
ihr vier habt mir zuzuhören!
Bleibet grün, so wie ihr seid,
grün, grün, grasgrün allezeit!
Dieses muß ich euch berichten,
Tannen, Kiefern, Föhren, Fichten!«

Der Wind war überzeugt, seine Sache gut gemacht zu haben.
Doch als der Winter kam und sich umschaute, da verfinsterte sich sein Gesicht. Er brüllte: »Wind, was habe ich dir aufgetragen?« und zeigte auf die Lärche, die mit kahlen Zweigen dastand. Unter ihr lagen die ockerfarbenen Nadeln verstreut, die sie abgeworfen hatte, wie die Laubbäume ihr Laub.
»Aber ich habe doch ausdrücklich allen vier Nadelbäumen befohlen«, stotterte der Wind, »der Fichte, der Tanne, der Kiefer, der Föhre...«
»Und der Lärche?« brüllte der Winter.
Da ging dem Wind plötzlich ein Licht auf: Er hatte die Kiefer, die auch Föhre heißt, zweimal genannt, und die Lärche vergessen...
Ja, hätte der Wind damals nicht einen Fehler gemacht, könnten wir uns als Weihnachtsbaum eine kleine Lärche statt der Fichte oder Tanne ins Zimmer holen.
Aber seien wir dem Wind nicht auch noch böse. Er ist bestraft genug. Hört nur, wie ihn der Winter draußen durch die Gegend jagt!

Wunsch

Ach, wie liebend gerne möcht' ich gehn
und am Nil das Nilpferd lächeln sehn.
Zwar auch du kannst lächeln, lieber Peter.
Doch des Nilpferds Mund, das ist so einer,
nicht ein kleiner, so wie dein und meiner:
Lächeln hat drauf Platz ein ganzer Meter.

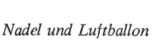

Nadel und Luftballon

Die Nadel sagte zum Luftballon:

»Du bist rund, Ich weiß ein lustiges
ich bin spitz. Schnettereteng:
Jetzt machen wir beide Ich mache pick,
einen Witz. und du machst peng!«

Der Luftballon aber wollte nicht, daß ihn die Nadel pickte. Er flog empor und setzte sich hoch oben an die Zimmerdecke. Dort war er sicher. Dort blieb er.
Als Susanne nach Hause kam, sah sie die Nadel auf dem Tische liegen. Sie schlug die Hände über dem Kopf zusammen. Und rief: »Hast du hier was zu suchen? Nein!«
Und nahm die Nadel. Und schloß sie ins Nähkästchen ein.

Mira, Miranda, Amanda

Das Mäuslein Mira saß allein
und stillvergnügt im Dämmerschein,
da kamen noch ins Kämmerlein
Miranda und Amanda.
»Bei dir, o Mira, ist es fein,
du hast ein Haus, doch nicht aus Stein!«

Gleich bissen in die Wand hinein
Miranda und Amanda.

Doch Tante Frieda kam herbei,
sie schnitt den Kuchen schön entzwei,
da sah sie und tat einen Schrei
die Mäuslein alle drei.

Als ich unters Schränklein sah

Als ich unters Schränklein sah,	Faßt' ich an,
fand ich was da liegen:	zog ich dran,
länglich, rundlich,	da gab's einen Sturm.
nicht sehr dick.	Da gab's einen Tanz im Nu:
Ist's ein Stück	»Spitzbub, du«,
von einem Strick?	rief die Maus,
Oder gar ein Wurm?	»läßt du meinen Schwanz in Ruh!«

Ich fresse keine Kartoffeln

Ein Sparschwein kann nicht sprechen, aber beinah, und wenn man ihm in die Augen sieht, weiß man gleich, was es sagen will:

> Ich fresse keine Kartoffeln
> wie meine Schwestern im Stall.
> Du schenkst mir — ich will es hoffeln —
> eine Menge Metall!

Wie die Sparschweine erfunden wurden

Es war einmal ein geschickter, gescheiter Zuckerbäcker. Der machte hundert wunderfeine, süße kleine Marzipanschweine. Und dann aß er alle alleine.
Das Haus war leer. Geld hatte er auch keins mehr. Was sollte er machen?
Er überlegte hin, er überlegte her, er überlegte anderthalb Wochen. Ums Haar wäre ihm dabei der Kopf zerbrochen.
Da fiel ihm abends um dreiviertel sieben etwas ein. Der König! dachte er. Ja, das war ein guter Gedanke. Der Zuckerbäcker sprang vom Stuhl und rannte hinaus.
Draußen nahm er sich nicht einmal mehr Zeit, die Haustür abzuschließen. Das war freilich auch gar nicht nötig, denn in seinem Haus gab es nichts mehr zu stehlen.
Als der arme Zuckerbäcker beim König anklopfte, riefen fünf Stim-

men: »Herein!« Es war nämlich genau sieben Uhr, und um diese Zeit erzählte der König jeden Abend seinen zwei kleinen Prinzen und seinen drei kleinen Prinzessinnen eine Gute-Nacht-Geschichte.
Heute erzählte der König das Märchen von der Grille und der Ameise. Die Grille hatte den ganzen Sommer auf ihrer Geige lustige Lieder gespielt und sich weiter um nichts gekümmert. Die Ameise aber hatte den ganzen Sommer fleißig gearbeitet und jedes Körnlein, das sie irgendwo fand, in ihre Vorratskammer geschafft. Und dann kam der Winter. Alles war verschneit, die Grille fand nichts mehr zu essen, und der Hunger wurde alle Tage schlimmer. Da fiel der armen Grille die Ameise ein. Die hat ihr ganzes Haus mit Vorräten vollgestopft, dachte sie, die wird mir gewiß etwas borgen, und sie wanderte zu dem Häuschen der Ameise und klopfte an die Tür...
In diesem Augenblick klopfte es an die Tür. Die zwei Prinzen und die drei Prinzessinnen riefen: »Herein!«
Als die Tür aufging, schauten sie alle auf den Fußboden, denn in ihren Gedanken waren sie noch ganz und gar bei der Grille. Aber was da am Boden hereinkam, war keine Grille, es waren die Füße des Zuckerbäckers.
Das gab ein Hallo! Ein Prinz kollerte vor Lachen vom Sessel.
Auch der König mußte lachen. Als er endlich reden konnte, fragte er den Zuckerbäcker: »Wo fehlt's?«
Der Zuckerbäcker bat um Arbeit.
Der König fragte: »Was kannst du denn?«
Der Zuckerbäcker sagte: »Ich mache die hübschesten Hasen aus Schokolade. Aber ich esse sie alle selber.«
Da riefen die zwei Prinzen und die drei Prinzessinnen: »Schade!«
Der König fragte: »Was kannst du noch?«

Der Zuckerbäcker sagte: »Ich mache wunderfeine Marzipanschweine, aber ich esse sie alle ganz alleine.«
Da seufzten die zwei Prinzen und die drei Prinzessinnen im Chor.
Der König runzelte die Stirn und sagte: »Das ist ein Problem!«
Als der König die Stirn runzelte und »Problem!« sagte, sprang die allerkleinste Prinzessin ihrem Vater vom Schoß und holte ihm die Krone. Denn mit der Krone auf dem Kopf konnte der König noch einmal so gut nachdenken. Das wußten auch die andern Prinzen und Prinzessinnen, und der König wußte es selber auch, aber wer an alles zuerst dachte, das war die allerkleinste Prinzessin.
Jetzt hatte der König die Krone auf dem Kopf. Und es dauerte auch gar nicht lange, dann waren die Runzeln auf seiner Stirn verschwunden.
Der König sagte zum Zuckerbäcker:

>»Du machst keine Schweinchen aus Marzipan,
>du machst Schweinchen aus Porzellan,
>da ist nichts zu knabbern dran.
>Morgen fängst du bei mir an!«

Der König hatte gesprochen. Und der Zuckerbäcker war bei ihm angestellt.
Am andern Morgen um acht fing er an.

>Er machte Schweinchen aus Porzellan,
>oben mit einem Schlitz,
>unten mit einem Türchen dran.

So hatte es der König befohlen. Und der ehemalige Zuckerbäcker hatte Arbeit sein Leben lang. Denn von den hübschen Porzellan-Sparschweinen, die er machte, konnte der König ganze Berge brauchen: Jedem Kind in seinem Land schenkte er eins.

Vorm Fenster

Vorm Fenster ein feines:
»Piep, piep!«
Was ist das für ein Tönchen?
Ein kleines Bitteschönchen:
»Gib, gib!«

Die Finken, die Gimpel, die Meisen
oder wie sie heißen,
sagen so, klagen so.
Sie sind um jedes Körnchen froh.

Der Held

Ein runder Eisenofen,
ein Ofen, glühend heiß,
der wollte was erleben,
der wagte sich aufs Eis.

Da sprach zu ihm die Krähe,
die in der Nähe war:
»O Lieber, laß das bleiben,
du bringst dich in Gefahr!«

»Ich Mann, gemacht aus Eisen,
ich wag's und tu es doch!«
Was war das End' vom Liede?
Im Eis ein rundes Loch.

Die Krähe sprach zur Elster:
»Hier war es, wo er stand —
ein großer Held aus Eisen,
doch fehlte der Verstand.«

Es schneibt

»O lieber Toni du«,
so sprach zu mir die Kuh.
So sprach im Stall das Tier
in ernstem Ton zu mir.

»Da draußen schneibt es Schnee.
O schniebe es doch Klee!
Ich hoff' das ändert sich,
sonst protestiere ich!«

Ich sagte: »Sei so lieb
und sag nicht schneibt und schnieb,
denn das ist grundverkehrt,
und ich hab's nie gehört!«

Da brüllte sie: »Sei stüll!
Ich rede, wie ich wüll!
Ich traue mich, und ob,
und sag' sogar: Es schnob!«

»O Rindvieh, hab Geduld!
Wenn's schneit — ich bin nicht schuld.
Drum spar dir das Gebrumm.
Im März ist alles rum.«

Am 4. Dezember

Geh in den Garten
am Barbaratag.
Gehe zum kahlen
Kirschbaum und sag:

Kurz ist der Tag,
grau ist die Zeit.
Der Winter beginnt,
der Frühling ist weit.

Doch in drei Wochen,
da wird es geschehn:

Wir feiern ein Fest,
wie der Frühling so schön.

Baum, einen Zweig
gib du mir von dir.
Ist er auch kahl,
ich nehm ihn mit mir.

Und er wird blühen
in seliger Pracht
mitten im Winter
in der heiligen Nacht.

Der Winter ist ein reicher Mann

»Ei der Schreck, sie sind dahin,
alle meine Dahlien!
Winter, Winter, du bist schuld,
du mußt das bezahlien!«

»Silbersterne werden dich
für den Schreck belohnen!
In den Garten werf ich dir
bald ein paar Millionen.«

Der Winter ist da

Ein Kind:
Winter, was hast du gemacht,
bist gekommen über Nacht,
kamst zu uns und huckepack
trugst du einen Riesensack!

Alle:
Riesensack, Riesensack!

Ein Kind:
Aus dem Sack, gewaltig dick,
schüttest du uns ins Genick
deinen Schnee, du lachst dazu,
läßt ihn rieseln immerzu!

Alle:
Immerzu, immerzu!

Ein Kind:
Feld und Garten liegt versteckt,
alles ist von Schnee bedeckt.
Weit und breit machst du mit Fleiß,
wo man hinschaut, alles weiß!

Alle:
Alles weiß, alles weiß!

Ein Kind:
Wer die bunten Blumen haßt,
wem das grüne Feld nicht paßt,

wer kein Gräslein sehen kann,
ist das nicht ein böser Mann?

Alle:
Böser Mann, böser Mann!

Der Winter:
Ziert mein Schnee nicht Baum und Strauch
und die hübschen Hügel auch?
Denkt doch, Kinder, denkt doch dran
an die schöne Schlittenbahn.

Alle:
Schlittenbahn, Schlittenbahn!

Der Winter:
Zürnt ihr mir? Das wundert mich.
Wer bringt euch das Schönste? — Ich.
Den Advent, die Weihnachtszeit,
kerzenhelle Seligkeit.

Alle:
Seligkeit, Seligkeit!

Ein Kind:
Winter, wir begrüßen dich!
Du beschenkst uns königlich.
Bringst uns Freude, lang und breit,
und die liebe Weihnachtszeit.

Alle:
Weihnachtszeit, Weihnachtszeit!

Das allerkleinste Lamm

Der Engel rief, da liefen sie.
Die Hirten liefen wie noch nie,
und hinterdrein,
mäh, mäh,
das allerkleinste Lamm.

Dort stand der Stern mit frohem Schein.
Die Hirten eilten querfeldein,
und hinterdrein,
mäh, mäh,
das allerkleinste Lamm.

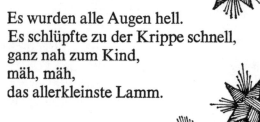

Die Hirten traten durch die Tür,
sie wagten kaum zu atmen schier,
und hinterdrein,
mäh, mäh,
das allerkleinste Lamm.

Es wurden alle Augen hell.
Es schlüpfte zu der Krippe schnell,
ganz nah zum Kind,
mäh, mäh,
das allerkleinste Lamm.

Freudenbringer

Weißt, du, wer am End' vom Jahr
solches fertigbringt,
daß, wer nie zu singen pflegt,
heut beginnt und singt?

Seine Heimat ist der Wald,
diese sieht er nimmer.
Dafür steht er strahlend da
als ein Freudenbringer.

Nachthimmel

O Nacht! O Himmelsdunkel,
durch das die Bilder gehn,
aus blanken Sternenfunken
geschrieben klar und schön.

In einem großen Reigen
hat jedes seinen Ort.
Doch rücken die Gestalten
stumm wie die Stunden fort.

Die Schwingen weit gebreitet,
schwebt herrlich hin der Schwan.
Der kühne Adler gleitet
die ewig gleiche Bahn.

Der Große Bär, der Kleine,
sie gehen nie allein.
Sie wandern stets gemeinsam,
kein Freund kann treuer sein.

Der Herrlichste von allen,
Orion, schreitet hin;
es blitzt des Jägers Gürtel,
die Hunde folgen ihm.

Still funkeln die Plejaden,
die dichte, schöne Schar.
Sie pilgern ihre Straße,
heut wie vor tausend Jahr.

Es schreiten Stier und Löwe,
die Jungfrau wandert mit.
Und doch hörst du kein Tappen,
kein Schlurfen, keinen Schritt.

Sie wandern uns zu Häupten
und ziehen allesamt
so leis, so leis, so leise,
als schritten sie auf Samt.

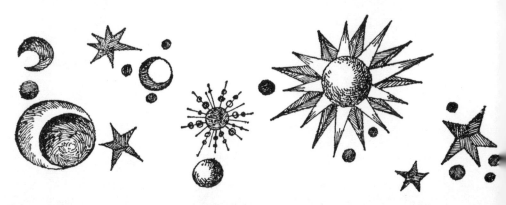

Viele Blätter

Er ist kein Baum, kein Strauch
und hat doch viele Blätter.
Du weißt, wieviel er hat.
Da braucht es keinen Hauch,
es fällt bei jedem Wetter
an jedem Tag ein Blatt.
Ist er zu guter Letzt
entblättert ganz und gar,
dann klingen unsre Gläser:
»Prosit Neujahr!«

Ein großer Schatz ist uns geschenkt

Ein großer Schatz ist uns geschenkt.
Ein neues Jahr. Faßt neuen Mut!
Packt beim Genick den Augenblick,
dann wird er Gold. Dann wird es gut.
Wir wünschen euch das rechte Glück!

Inhalt

Als die Donau uns über die Zehen floß

Als die Donau uns über die Zehen floß 8 Ich läute den Frühling ein 9 Meine Seifenblase, flieg! 10 Anne mit der Kanne 10 Guten Morgen, du Siebenschläfer 13 Der Kürbis und der Apfelkern 13 Warum die Hühner immer so schief gucken, wenn man mit ihnen spricht 14 Die Kastanie 17 Der lustige Fuchs 18 Wer kennt die Pflanze? 19 Große Wellen 19 Gespräch der Fische 20 Der Federball 21 Samen an seidenen Schirmen 21 Die Flaschenpost 22 Irma 23 Das Häslein mit dem neugierigen Näslein 24 Es war mal einer 26 Ich schaue den Vöglein ins Nest hinein 27 Der Schirm 32 Elsibeth 32 Susi Sausewind 34 Der dicke Tropfen 35 Der feine Herr, der Räuber und die Dame 36 Da war die Welt wieder ganz 38

Klavier, Klafünf, Klasieben

Klavier, Klafünf, Klasieben 42 Morgens um zwölf 42 Aha! 43 Platsch 43 Das Rezept 44 Schorke mit der Gorke 45 So wird's gemacht 46 Kleiner Traum 46 ROBO 48 Lied, sich selber vorzusingen 50 Der Riese Häuserlupf 51 Die Nase 55 Herr Bingel mit dem Hut 56 Wozu die Ohren gut sind 58 Der Schurke und der Bösewicht 59 Frieda Frohgerumpel 59 Der Tupfen auf dem Ei 60 Geburtstagsbrief 65 Zum Geburtstag 65

Das Haus der Tiere

Das Haus der Tiere 68 Der Riese Mausbiskauz 68 Verblühter Löwenzahn 73 Die große Wut 74 Das Bärenarzneibuch 74 Unter den Fichten 76 Papperlapapp 77 Warum die Biene hinten spitzig ist 79 Der Hans, der Hahn und das Huhn 82 Wie das Känguruh zustande kam 83 Schattenspiel 88 Amalia und Eulalia 89 Die Sonnenblume 90 Fritz und Hasso 91 Warum die Schildkröte gepanzert geht 92 Mutzebutz ist klitzeklein 95 Die Sache mit der blutigen Rache 99 Grips 102

Onkel Theo wohnt in einem Turm

Onkel Theo wohnt in einem Turm 106 Die Nacht in Kapstadt 107 Begegnung im Herbst 117 Zwei Gabeln 117 Von dem Jungen, der sich verrechnete 118 Der freche Drachen 120 Gick! 122 Sassafras 122 Wenn die Mähmaschine rattert 123 Herbstzeitlosen 123 Vom bösen Herrn Stibitzdiwitz 124 Höre, Freund, ich muß dir etwas zwitschern 130 Vogel auf weiter Reise 130 Gang im Nebel 131 Der hübsche Ring mit dem roten Stein 131

Die Schneelaterne

Die Schneelaterne 138 Rauhreif 139 Warum es keine Weihnachtslärche gibt 140 Wunsch 144 Nadel und Luftballon 144 Mira, Miranda, Amanda 145 Als ich unters Schränklein sah 145 Ich fresse keine Kartoffeln 146 Wie die Sparschweine erfunden wurden 146 Vorm Fenster 149 Der Held 149 Es schneibt 150 Am 4. Dezember 151 Der Winter ist ein reicher Mann 151 Der Winter ist da 152 Das allerkleinste Lamm 154 Freudenbringer 155 Nachthimmel 156 Viele Blätter 157 Ein großer Schatz ist uns geschenkt 157

Alle Texte, alphabetisch geordnet nach den Überschriften

Aha! 43
Als die Donau uns über die Zehen floß 8
Als ich unters Schränklein sah 145
Amalia und Eulalia 89
Am 4. Dezember 151
Anne mit der Kanne 10
Begegnung im Herbst 117
Da war die Welt wieder ganz 38
Das allerkleinste Lamm 154
Das Bärenarzneibuch 74
Das Häslein mit dem neugierigen Näslein 24
Das Haus der Tiere 68
Das Rezept 44
Der dicke Tropfen 35
Der Federball 21
Der feine Herr, der Räuber und die Dame 36
Der freche Drachen 120
Der Hans, der Hahn und das Huhn 82
Der Held 149
Der hübsche Ring mit dem roten Stein 131
Der Kürbis und der Apfelkern 13
Der lustige Fuchs 18
Der Riese Häuserlupf 51
Der Riese Mausbiskauz 68
Der Schirm 32
Der Schurke und der Bösewicht 59
Der Tupfen auf dem Ei 60
Der Winter ist da 152
Der Winter ist ein reicher Mann 151
Die Flaschenpost 22
Die große Wut 74
Die Kastanie 17
Die Nacht in Kapstadt 107
Die Nase 55

Die Sache mit der blutigen Rache 99
Die Schneelaterne 138
Die Sonnenblume 90
Ein Elefant marschiert durchs Land 5
Ein großer Schatz ist uns geschenkt 157
Elsibeth 32
Es schneibt 150
Es war mal einer 26
Freudenbringer 155
Frieda Frohgerumpel 59
Fritz und Hasso 91
Gang im Nebel 131
Geburtstagsbrief 65
Gespräch der Fische 20
Gick! 122
Grips 102
Große Wellen 19
Guten Morgen, du Siebenschläfer 13
Herbstzeitlosen 123
Herr Bingel mit dem Hut 56
Höre, Freund, ich muß dir etwas zwitschern 130
Ich fresse keine Kartoffeln 146
Ich läute den Frühling ein 9
Ich schaue den Vöglein ins Nest hinein 27
Irma 23
Klavier, Klafünf, Klasieben 42
Kleiner Traum 46
Lied, sich selber vorzusingen 50
Meine Seifenblase, flieg! 10
Mira, Miranda, Amanda 145
Morgens um zwölf 42
Mutzebutz ist klitzeklein 95
Nachthimmel 156
Nadel und Luftballon 144

Onkel Theo wohnt in einem Turm 106
Papperlapapp 77
Platsch 43
Rauhreif 139
Robo 48
Samen an seidenen Schirmen 21
Sassafras 122
Schattenspiel 88
Schorke mit der Gorke 45
So wird's gemacht 46
Susi Sausewind 34
Unter den Fichten 76
Verblühter Löwenzahn 73
Viele Blätter 157
Vogel auf weiter Reise 130
Vom bösen Herrn Stibitzdiwitz 124
Von dem Jungen, der sich verrechnete 118
Vorm Fenster 149
Warum die Biene hinten spitzig ist 79
Warum die Hühner immer so schief gucken, wenn man mit ihnen spricht 14
Warum die Schildkröte gepanzert geht 92
Warum es keine Weihnachtslärche gibt 140
Wenn die Mähmaschine rattert 123
Wer kennt die Pflanze? 19
Wie das Känguruh zustande kam 83
Wie die Sparschweine erfunden wurden 146
Wozu die Ohren gut sind 58
Wunsch 144
Zum Geburtstag 65
Zwei Gabeln 117